Maria Cristina P............

ESERCIZI
di grammatica
italiana
per stranieri

Testi: Maria Cristina Peccianti
Redazione: Alessandra Pelagotti
Progetto grafico: Sonia Bizzarri

www.giunti.it

Ristampa	Anno
7 6 5 4 3 2 1	2019 2018 2017 2016 2015

MISTO
Carta da fonti gestite
in maniera responsabile
FSC® C023532

Stampato presso Giunti Industrie Grafiche S.p.A. - Stabilimento di Prato

Presentazione

Il presente volumetto contiene una serie di attività esercitative che riguardano le regole d'uso della lingua italiana.

Si rivolge ad apprendenti di italiano come lingua seconda o lingua straniera, sia che questi frequentino corsi strutturati, in Italia o all'estero, sia che stiano apprendendo l'italiano attraverso la comunicazione quotidiana, oppure siano alunni di origine straniera inseriti nella scuola secondaria italiana.

Le soluzioni di tutte le attività, che vengono date in appendice, ne fanno uno strumento particolarmente utile ed efficace in contesto di autoapprendimento.

Il volumetto è suddiviso in diversi capitoli che riguardano tutti i diversi elementi della morfosintassi. I capitoli sono tuttavia più o meno estesi, secondo la maggiore o minore difficoltà e rilevanza d'uso degli elementi stessi.

Le attività fanno sempre riferimento ad usi vivi della lingua, con contesti testuali semplici e accessibili, ma ad alta frequenza comunicativa.

I diversi capitoli contengono anche spunti per attività riflessive esplicite, particolarmente utili per lo sviluppo di usi consapevoli dei diversi fenomeni linguistici e per il controllo sulle proprie produzioni linguistiche, orali e scritte.

In appendice vengono proposti due pacchetti di verifiche finali, di livello B1 e B2, utilizzabili anche per identificare il proprio livello di competenza e mettersi alla prova qualora si intenda sostenere un esame di Certificazione di italiano come lingua straniera.

L'Autrice

Indice

Test di verifica finale

Prova di lettura • Prova di competenza linguistica • Prova di produzione scritta • Prova di produzione orale

Prova di lettura • Prova di competenza linguistica • Prova di produzione scritta • Prova di produzione orale

1 La frase

1. Quali di queste frasi non sono ben formate? Segnale con una X.

a) ☐ Oggi la lezione di italiano non c'è.

b) ☐ Mario a colazione formaggio al un panino mangia.

c) ☐ Vieni domenica prossima al mare con noi?

d) ☐ Fra un mese Angelica si sposerà con Hassad.

e) ☐ Partite quando voi per la Cina?

f) ☐ Non arriveremo delle otto prima da voi.

g) ☐ A Giovanna piace molto fare lunghe passeggiate in campagna.

h) ☐ Potresti prestarmi il tuo libro di italiano, per favore?

RIFLETTI E RISPONDI
Perché le frasi che hai segnato <u>non</u> sono ben formate?

A) ☐ Perché alcune parole non sono nell'ordine giusto.

B) ☐ Perché mancano alcune parole.

C) ☐ Perché ci sono parole che non dovrebbero esserci.

2. Quali di queste frasi non sono ben formate? Segnale con una X.

a) ☐ Fati va tutti i giorni all'università in bicicletta.

b) ☐ Fati tutti i giorni va all'università bicicletta in.

c) ☐ Tutti i giorni Fati va all'università in bicicletta.

d) ☐ Fati tutti i giorni va in bicicletta all'università.

e) ☐ Tutti giorni i Fati va all'università in bicicletta.

f) ☐ Fati va giorni i tutti all'università in bicicletta.

g) ☐ Fati va all'università in bicicletta tutti i giorni.

h) ☐ Tutti giorni i Fati va in bicicletta all'università.

RIFLETTI E RISPONDI
Perché le frasi che hai segnato <u>non</u> sono ben formate?

A) ☐ Perché la forma di alcune parole è sbagliata.

B) ☐ Perché alcune parole non sono nell'ordine giusto.

C) ☐ Perché ci sono parole che non hanno senso.

3. Metti in ordine i pezzi per scrivere delle frasi ben formate.

Es. l'italiano / studiare / mi piace
   Mi piace studiare l'italiano.

a) a pranzo / al pomodoro / una pizza / mangio

....

b) di mele / abbiamo preparato / una bella torta

....

c) sono / molti / di internet / siti / di errori / pieni

....

d) per lavorare / cinque anni fa / Francisco / in Italia / è arrivato / come cuoco

....

e) Yong / di Padova / dell'università / di laurea / in architettura / al corso / si è iscritto

....

f) del viale / un temporale / violento / un albero / molto / ha abbattuto

....

4. Metti in ordine le parole per scrivere delle frasi ben formate.

Es. tramonto / al / il / diventa / rosso / cielo / spesso
   Al tramonto il cielo diventa spesso rosso.

a) di / cinque / la / anni / Said / ha / anni / sorella

....

b) ordinato / pizze / abbiamo / cena / vegetariane / per / due

....

c) chiuse / durante / l'/ in / sono / estate / le / tutte / Italia / scuole

....

d) ha / rosso / blu / comprato / un / bel / giacca / rosso / una / e / Carla / maglione

....

e) del / Frank / smette / ogni / di / giorno / alle / pomeriggio / lavorare / cinque

....

f) sera / Celine / ieri / Sofia / a / andate / e / cena / sono / Mohamed / da

....

5. Quali di queste frasi non sono ben formate? Segnale con una X.

a) ☐ Ieri in autostrada c'è stato un grave incidente.

b) ☐ I miei amici italiani prende sempre il caffè al bar.

c) ☐ Nel nostro condominio c'è dodici appartamenti.

d) ☐ Anna ha studiato molto per il concorso.

e) ☐ In Italia ci sono molte piccole città.

f) ☐ Le ragazze sono andati al cinema.

g) ☐ Domani devo alzarmi presto.

h) ☐ Chi di voi venite a fare un passeggiata?

RIFLETTI E RISPONDI

Perché le frasi che hai segnato non sono ben formate?

A) ☐ Perché alcune parole non sono nell'ordine giusto.

B) ☐ Perché ci sono parole che non hanno senso.

C) ☐ Perché la forma di alcune parole non si accorda con le altre.

6. Quali di queste frasi non sono ben formate? Segnale con una X.

a) ☐ Ai bambini piacciono molto le storie fantastiche.

b) ☐ Francesco fa un lavoro molto faticoso.

c) ☐ L'insegnante ha distribuito i gatti agli studenti.

d) ☐ Ieri ti ho chiamato con le mie nuove scarpe.

e) ☐ Nel nostra casa ci sono otto stanze.

f) ☐ Aicha è andata a fare la spesa in bagno.

g) ☐ I nostri amici hanno un bambino di cinque mesi.

h) ☐ Il film era bello, ma troppo lungo.

i) ☐ Le mucche di montagna fanno il formaggio.

RIFLETTI E RISPONDI

Perché le frasi che hai segnato non sono ben formate?

A) ☐ Perché alcune parole non sono nell'ordine giusto.

B) ☐ Perché non hanno un significato logico.

C) ☐ Perché ci sono parole che non hanno la forma giusta.

7. Trasforma le seguenti frasi da enunciative affermative in enunciative negative.

a) Quest'anno Laura va in vacanza d'agosto.

....

b) I ragazzi hanno imparato il francese a scuola.

....

c) Mi piace mangiare al ristorante.

....

d) Nel mese di giugno è piovuto molto.

....

8. Metti un punto interrogativo nelle frasi che, secondo te, sono interrogative, un punto in quelle enunciative.

a) In italiano ci sono molti verbi irregolari ☐

b) Chi viene domani in pizzeria ☐

c) Qual è il tuo colore preferito ☐

d) Sabato andremo in pizzeria ☐

e) Perché non siete venuti a lezione ☐

f) Il loro comportamento non mi piace ☐

g) Quando si sposa tuo fratello ☐

h) A quale età si può prendere la patente in Italia ☐

9. Metti un punto esclamativo nelle frasi che, secondo te, sono esclamative (che esprimono cioè meraviglia, entusiasmo, emozione), un punto in quelle enunciative.

a) Che bellezza ☐

b) Sono davvero felice ☐

c) In Toscana ci sono paesaggi di grande bellezza ☐

d) I bambini sono felici di essere al mare ☐

e) Grazie mille per la bellissima giornata ☐

f) Non ne possiamo più ☐

g) A Roma ci siamo stancati molto ☐

10. Metti un punto esclamativo nelle frasi che, secondo te, sono imperative (che esprimono cioè un comando), un punto in quelle enunciative.

a) Ragazzi, non toccate i miei documenti ☐

b) Esci subito di qui ☐

c) Stasera Carlo esce tardi dal lavoro ☐

d) Consegnate subito i compiti ☐

e) Voi consegnate sempre il lavoro in ritardo ☐

11. In quali di questi gruppi di parole manca qualcosa per formare una frase che esprime un significato compiuto? Segnali con una X.

a) ☐ Piove

b) ☐ Jonathan abbraccia

c) ☐ Noi studiamo

d) ☐ Piange

e) ☐ Legge un libro

f) ☐ Lapo sta giocando

g) ☐ È nevicato

h) ☐ Marina ha messo un libro

12. Segna con una X le frasi in cui ci sono elementi non assolutamen-te necessari perché la frase abbia un significato compiuto. Cancella poi gli elementi non necessari per avere una frase minima o frase nucleare.

a) ☐ La cultura è importante.

b) ☐ Giorgio ha regalato un disco a Jasmine.

c) ☐ Il movimento fa bene alla salute di tutti.

d) ☐ Non ho messo il sale nella carne.

e) ☐ Sta piovendo da tre ore.

f) ☐ Questo vestito non mi piace per niente.

g) ☐ Noi andremo a Bologna con il primo treno del pomeriggio.

h) ☐ Filli ha comprato un appartamento.

13. Aggiungi quello che manca per formare delle frasi minime.

Es. *Il bambino* gioca.

a) .... corre.

b) Abbiamo comprato ....

c) Lara e Marina sono andate ....

d) L'insegnante consegna ....

e) Il medico ha dato ....

f) .... ha messo ....

g) ....prepara ....

14. Scrivi con ciascuno dei seguenti verbi una frase minima di senso compiuto. Aggiungi solo gli elementi assolutamente necessari.

es.) parlare; a) prendere; b) correggere; c) ridere; d) baciare

Es. *Katia parla.*

a) ....

b) ....

c) ....

d) ....

15. Aggiungi alle frasi minime che hai scritto sopra altri elementi che le ampliano.

Es. *Katia parla molto velocemente.*

a) ....

....

b) ....

....

c) ....

....

d) ....

....

2 Uso dei verbi: persone, tempi, modo, aspetto

1. Collega ciascuna forma verbale con la persona giusta.

a) parliamo   1. io
b) leggo
c) mangi   2. tu
d) studiate
e) bevono   3. lui/lei
f) cammina
g) scrivo   4. noi
h) dormiamo
i) lavora   5. voi
l) corrono
m) telefoni   6. loro

2. Completa le frasi con il pronome personale giusto.

Es. Io e Laura siamo molto amiche. *Noi* lavoriamo insieme da molti anni.

a) .... quando date gli ultimi esami?
b) Ho invitato anche Luca e Carlo alla festa, ma .... non possono venire.
c) Ieri ho litigato con Alice e .... adesso è molto arrabbiata.
d) .... non guardo mai la televisione.
e) Domani .... andiamo al mare. .... vieni?
f) .... doveva scusarsi perché è stato molto scortese.
g) .... parlate molto bene l'italiano.

RIFLETTI E RISPONDI
**Perché l'uso dei pronomi personali come soggetto
non è in genere obbligatorio?**

A)☐ Perché la persona a cui si fa riferimento si ricava dal contesto del discorso.
B)☐ Perché le forme verbali segnalano da sole la persona a cui si fa riferimento.
C)☐ Perché spesso non si specifica la persona cui si fa riferimento nel discorso.

3. Completa le frasi con il verbo al presente. Coniuga l'infinito del verbo, che ti diamo fra parentesi, nella forma adatta al soggetto della frase.

Es. Marco *cambia* (cambiare) spesso opinione.

a) Il 25 dicembre i cristiani .... (festeggiare) il Natale.

b) Io non .... (vedere) i miei amici da molto tempo.

c) Tu .... (partire) domani?

d) No, noi non .... (essere) senegalesi.

e) Voi .... (sbagliare) sempre i verbi.

4. Completa le frasi con il verbo al passato prossimo. Coniuga l'infinito del verbo, che ti diamo fra parentesi, nella forma adatta al soggetto della frase.

Es. Io *ho venduto* (vendere) la mia macchina.

a) Perché tu non .... (parlare) con Irene?

b) Maria e Anna ieri sera .... (lavorare) fino a tardi.

c) Voi dove .... (comprare) il vostro camper?

d) Chi .... (rispondere) al telefono?

e) Io, ieri sera, ... (mangiare) troppo.

5. Completa le frasi con il verbo al futuro. Coniuga l'infinito del verbo, che ti diamo fra parentesi, nella forma adatta al soggetto della frase.

Es. Noi, a che ora *arriveremo* (arrivare) a Roma?

a) D'accordo, domani sera noi .... (venire) da voi.

b) La prossima settimana io .... (lavorare) di pomeriggio.

c) Luisa .... (accettare) volentieri il tuo invito a cena.

d) Molti operai non .... (partecipare) allo sciopero.

e) Tu .... (fare) l'esame di italiano o di spagnolo?

RIFLETTI E INDICA SE È VERO (V) O FALSO (F)

A) Il tempo dei verbi indica la posizione nel tempo di azioni, eventi e situazioni rispetto al momento in cui si parla. ☐ V ☐ F

B) La relazione di tempo può essere di contemporaneità, anteriorità, posteriorità. ☐ V ☐ F

C) La posteriorità si esprime con i tempi passati. ☐ V ☐ F

6. Completa le frasi con il verbo al modo indicativo. Coniuga l'infinito del verbo, che ti diamo fra parentesi, nel tempo e persona adatti al contesto della frase.

Es. Domani noi **andremo** (andare) in vacanza.

a) Domenica scorsa René .... (giocare) a tennis.

b) I cittadini .... (eleggere) il Parlamento.

c) Le Dolomiti .... (essere) nel Nord dell'Italia.

d) Tu quando .... (finire) gli studi?

e) Io .... (fare) sempre colazione al bar.

f) Nella discussione di ieri voi non .... (avere) un comportamento corretto.

g) L'anno scorso, io e Ugo .... (giocare) sempre a calcio.

h) Dopo cena i ragazzi .... (ascoltare) un po' di musica.

7. Completa le frasi con il verbo al modo indicativo, congiuntivo o condizionale. Coniuga l'infinito del verbo, che ti diamo fra parentesi, nel modo, tempo e persona adatti al contesto della frase.

Es. Questa sera io **andrei** (andare) volentieri a teatro, ma non posso.

a) Credo che Sofia .... (avere) ragione.

b) Perché questa notte tu .... (rientrare) così tardi?

c) Se tu venissi a Napoli, noi .... (essere) molto contenti.

d) Chi .... (vincere) la gara?

e) Nessuno pensa che tu non .... (fare) bene il tuo lavoro.

f) Non so se mi .... (piacere) vivere in campagna.

g) Raffaello Sanzio .... (morire) giovanissimo.

h) Vogliamo che voi .... (dire) la verità.

RIFLETTI E INDICA SE È VERO (V) O FALSO (F)

A) L'indicativo si usa per indicare certezza, realtà, comunicazione diretta di qualcosa. ☐ V ☐ F

B) Il congiuntivo si usa per indicare possibilità, desiderio, timore, comunicazione di qualcosa che è sottoposto al giudizio personale. ☐ V ☐ F

C) Il congiuntivo si usa soprattutto nelle frasi semplici, indipendenti. ☐ V ☐ F

D) Il condizionale si usa solamente per fare una richiesta in modo cortese. ☐ V ☐ F

8. Riscrivi il testo come se i fatti fossero avvenuti nel passato.

Oggi è domenica, una bella domenica di fine maggio. Melina non lavora, non ha il turno in ospedale e vuole fare una passeggiata nel parco. Fa una veloce colazione, si mette un paio di scarpe comode ed esce. Al parco incontra una ex collega di lavoro, Giorgia. Melina e Giorgia camminano un po' insieme e poi si siedono al bar a prendere un caffè. Giorgia fa vedere a Melina le foto del suo bambino, Melina racconta a Giorgia del suo ultimo viaggio in Messico. Dopo il caffè e le chiacchiere, Melina va un po' a correre, per mantenere la linea, Giorgia invece torna a casa dal bambino.

Ieri era domenica ....

....

....

....

....

....

....

....

9. Riscrivi al passato il testo scritto al presente storico.

Nel 1501, Michelangelo riceve a Firenze l'incarico di realizzare una statua colossale di David, il pastore della Bibbia che sconfigge il gigante Golia. Michelangelo si impegna a terminare la statua in due anni, ma non riesce a rispettare i tempi, anche se lavora giorno e notte. Quando il David, alto oltre 4 metri, è finito, diventa subito un mito. Si decide di mettere la statua in Piazza della Signoria, di fronte al Palazzo Vecchio, luogo principale della vita pubblica della Repubblica Fiorentina.

Nel 1501, Michelangelo ricevette a Firenze ....

....

....

....

....

....

....

....

10. Completa le frasi con il verbo al modo congiuntivo. Scegli una delle forme che ti diamo fra parentesi.

Es. Non mi interessa più niente di loro. *Facciano* (Facciano / Abbiano fatto) pure quello che vogliono!

a) Non so perché tu non mi .... (darai / dia) mai ascolto.

b) Ai nostri amici è dispiaciuto che Lorenzo non .... (venisse / sia venuto) alla festa.

c) Non credevo che fra di noi ci .... (fossero / siano) persone così poco generose.

d) Dubito che Daniela .... (arrivasse / arrivi) prima delle 10.00.

e) Spero che voi .... (avete studiato / abbiate studiato) per l'esame.

f) A noi non pare giusto che la legge non .... (protegga, proteggesse) abbastanza i più deboli

g) Emilia pensa che Federica .... (avesse fatto / abbia fatto) un buon lavoro.

h) Ci pareva che il nostro obiettivo non .... (sia stato / fosse) irraggiungibile.

11. Completa le frasi ipotetiche a piacere. Usa il verbo al congiuntivo.

Es. Vorrei lavorare di meno se *potessi*.

a) Avresti passato l'esame se ....

b) Non mi sarei annoiata se ....

c) Tu e Filli non avreste perso l'autobus se ....
....

d) Se tu .... forse saresti più contento.

e) Se Giulio .... sarebbe partito.

f) Adesso Concita sarebbe una cantante famosa se ....
....

g) Vivremmo tutti meglio se ....

h) Se .... mi sarei corretto.

i) Oggi tutta la famiglia Ferretti potrebbe avere una vita agiata se
.... mi sarei corretto.

12. Completa le frasi ipotetiche. Coniuga l'infinito del verbo, che ti diamo fra parentesi, all'indicativo o al congiuntivo, secondo il contesto della frase.

Es. Se ti *interessa* (interessare) qualcosa, prendila pure.

a) Se .... (essere) ricca, vorrei avere un grande giardino.

b) Se ieri non .... (piovere) Agata sarebbe andata a scuola in bicicletta.

c) Sì, signora, deve prendere l'autobus numero 17, se .... (volere) andare alla stazione.

d) Se Agnese non .... (perdere) il treno, avrebbe potuto partecipare all'assemblea dei soci.

e) Cerca nella libreria, se non .... (trovare) il libro sul tavolo. ˊ

f) Mirko tornerebbe in Albania se .... (potere) avere un lavoro.

13. Completa le frasi con la forma opportuna del verbo al modo indicativo o congiuntivo. Scegli una delle forme che ti diamo fra parentesi.

Es. Sebbene Yusef *lavori* (lavora / lavori /lavorava) molto, guadagna poco.

a) Non posso uscire prima che i bambini .... (sono tornati / tornassero / siano tornati) a casa.

b) Sono uscita quando i bambini .... (sono tornati / tornassero / siano tornati) a casa.

c) Benché .... (avevo visto / avessi visto / ho visto) già quel film di Benigni, mi sono divertito.

d) Ci incontreremo in piazza a meno che .... (piove / pioveva / piova).

e) Giorgia ha passato l'esame, anche se .... (aveva studiato / abbia studiato, avesse studiato) poco.

f) Ti dico questo affinché tu mi .... (creda / credi / credevi).

RIFLETTI E INDICA SE È VERO (V) O FALSO (F)

A) Il congiuntivo si usa più nella lingua scritta che in quella parlata. ☐ V ☐ F

B) Il congiuntivo ha due tempi, uno semplice e uno composto. ☐ V ☐ F

C) Con alcune congiunzioni subordinanti si usa sempre il congiuntivo. ☐ V ☐ F

D) Nelle frasi ipotetiche si usa sempre il congiuntivo. ☐ V ☐ F

14. Usa ciascuno dei seguenti verbi per scrivere una frase con il verbo al condizionale. Accanto a ogni verbo ti indichiamo la funzione che il verbo al condizionale dovrebbe esprimere.

Es. Sapere (dubbio nella scelta).
Non saprei quale sia il colore più bello.

a) Volere (richiesta cortese) ....
....

b) Dire (espressione incerta di un parere)..
....

c) Potere (richiesta cortese di informazioni) ....
....

d) Mangiare (desiderio) ....
....

e) Desiderare (espressione formale di un desiderio) ....
....

15. Completa il testo con i verbi. Coniuga l'infinito del verbo, che ti diamo fra parentesi, nel modo, tempo e persona adatti al contesto.

Carissima Giulia,

mi scuso se per tanto tempo non ti **ho scritto** (scrivere), ma **(a)** ....
(avere) molti problemi.

Spero invece che tu **(b)** .... (stare) bene e **(c)** ....
(essere) contenta della tua vita in America.

Per me i mesi passati **(d)** .... (essere) veramente duri. Non
(e) .... (essere) bene di salute, **(f)** ....
(avere) dei forti mal di testa. Intanto però **(g)** .... (dovere)
anche prepararmi per il concorso.

Non so come **(h)** .... (andare) il concorso, ma comunque
adesso non **(i)** .... (dovere) più studiare.

Mi **(l)** .... (piacere) venire in America a trovarti e penso
che una vacanza mi **(m)** .... (fare) bene, ma non credo che,
per ora, questo **(n)** ....(potere) essere un progetto realizzabile.

(o) .... (scrivere) presto, le nostre chiacchiere mi
(p) .... (mancare)!

Un abbraccio,

Elena

16. Completa le frasi con il verbo al modo imperativo. Coniuga l'infinito del verbo che ti diamo fra parentesi.

Es. Bambini *fate* (fare) silenzio!

a) Mohamed .... (cominciare) tu!

b) Luigi, non .... (discutere) sempre!

c) .... (entrare), signora, si accomodi.

d) Ragazzi, non .... (essere) così sciocchi!

e) Alice, ... (mangiare) tutta la pasta!

f) Alima, non .... (correre) così veloce!

17. Cambia le seguenti frasi, che esprimono richieste fatte in forma cortese, in frasi imperative.

Es. Mi puoi dare un attimo il tuo libro?
   Dammi un attimo il tuo libro.

a) Mi potresti prestare la penna?

....

b) Sapresti dirmi dov'è l'Università per Stranieri?

....

c) Ci porterebbe due piatti di spaghetti al pomodoro?

....

d) Ragazzi, potreste fare silenzio, per favore?

....

e) Vorreste gentilmente ripetere ciò che avete detto?

....

f) Ci farebbe il conto, per piacere?

....

RIFLETTI E INDICA SE È VERO (V) O FALSO (F)

A) L'imperativo si usa per comunicare un ordine, un invito, un consiglio ecc. □ V □ F

B) L'imperativo si può usare solo in frasi complesse e subordinate. □ V □ F

C) L'imperativo negativo di 2ª persona è sostituito dall'infinito. □ V □ F

D) L'imperativo ha solo cinque persone. □ V □ F

3 I verbi: ausiliari, servili e fraseologici

1. Riscrivi le frasi. Cambia il verbo dal presente al passato prossimo. Usa il verbo ausiliare avere.

Es. Io leggo un libro di fantascienza.   *Io ho letto un libro di fantascienza.*

a) Antonio prende il treno per Milano delle 17:30.

....

b) Tu e Sonia preparate la cena per tutti.

....

c) Luisa e Marta fanno la spesa al supermercato.

....

d) Chi risponde al telefono? ....

e) Noi guardiamo la partita alla televisione.

....

2. Riscrivi le frasi. Cambia il verbo dal presente al passato prossimo. Usa il verbo ausiliare essere.

Es. Peter esce di casa alle 8:00.   *Peter è uscito di casa alle 8:00.*

a) Io vado in piscina. ....

b) Anna parte per Budapest ....

c) Quando arriva la zia? ....

d) Moar e Miki tornano in Senegal.

....

e) Dove va Alessandro? ....

f) Quando partono Sara e Alessia? ....

RIFLETTI E RISPONDI
Quali verbi formano i tempi composti con l'ausiliare *avere*?

A) ☐ Tutti i verbi intransitivi, alcuni verbi transitivi e lo stesso verbo avere.

B) ☐ Tutti i verbi transitivi, alcuni verbi intransitivi e lo stesso verbo avere.

C) ☐ Tutti i verbi transitivi, tutti i verbi intransitivi e lo stesso verbo avere.

3. Completa il dialogo con il verbo ausiliare. Scegli una delle forme che ti diamo fra parentesi.

A L'anno scorso io **sono** (sei / ho / sono) andata in vacanza in Spagna.

B Come (a) .... (sei / hai / sono) stata?

A (b)................. (ho / sono / hai) stata molto bene. Io (c)................. (ho / sono / ebbi) visitato molte belle città.

B Maria (d).............. (sei / ha / è) venuta con te?

A Sì, noi (e)............................ (abbiamo / siamo / hanno) viaggiato insieme e (f) .... (abbiamo / siamo / sono) state anche al mare.

B Per quanto tempo (g) .... (avete / siamo / siete) rimaste in Spagna?

A (h) .... (siete / siamo / abbiamo) rimaste un mese e (i) .... (siete / siamo / abbiamo) conosciuto molti giovani simpatici.

4. Riscrivi le frasi. Cambia il verbo dal presente al passato prossimo. Usa il verbo ausiliare opportuno.

Es. I miei amici organizzano una festa. *I miei amici hanno organizzato una festa.*

a) Al cinema, i bambini si divertono poco.

....

b) Valentina accompagna i figli a scuola.

....

c) Paola si pettina con cura. ....

d) Questo non mi sembra giusto! ....

e) Perché lasci l'università? ....

f) Fatima e Alima vanno a casa di Michela.

....

RIFLETTI E INDICA SE È VERO (V) O FALSO (F)

A) Con il verbo ausiliare *essere* si formano i tempi composti di molti verbi intransitivi. ☐ V ☐ F

B) Con il verbo ausiliare *essere* si formano i tempi composti dei verbi pronominali. ☐ V ☐ F

C) I verbi impersonali che indicano fenomeni atmosferici hanno sempre l'ausiliare *essere*. ☐ V ☐ F

D) I verbi di movimento hanno l'ausiliare *avere* quando non indicano spostamento, ma movimento vero e proprio. ☐ V ☐ F

5. Completa le frasi. Coniuga l'infinito del verbo servile, che ti diamo fra parentesi, nella forma opportuna, secondo il contesto della frase.

Es. Oggi io **posso** (potere) uscire prima dal lavoro.

a) Adesso noi .... (dovere) studiare.

b) Prima di mettere in funzione il frullatore .... (dovere) leggere le istruzioni.

c) Da piccolo Lapo .... (volere) sempre mangiare la pasta al pomodoro.

d) Ieri sera noi non .... (potere) andare al concerto di Jovanotti.

e) Vestitevi eleganti se .... (volere) fare bella figura alla festa.

f) Perché io non .... (potere) venire con voi?

g) Io .... (volere) finire di scrivere la relazione prima di cena.

h) Guido, ... (potere) darmi una mano in cucina?

6. Completa le frasi con il verbo servile adatto ad esprimere i valori che ti indichiamo. Coniuga il verbo servile nel tempo e persona che ti indichiamo fra parentesi.

Es. Dobbiamo fare presto. (necessità; presente, 4ª persona)

a) .... allenarvi bene per vincere la gara. (necessità; futuro, 5ª persona)

b) .... sapere con anticipo quante persone verranno sicuramente alla tua festa? (possibilità; presente, 2ª persona)

c) Mamma, ... guardare i cartoni animati alla TV? (permesso; presente, 1ª persona)

d) I bambini .... fare colazione prima di andare a scuola. (necessità; presente, 6ª persona)

e) Elena .... iscriversi a un corso di lingua cinese. (volontà; presente, 3ª persona)

f) .... informarci bene prima di firmare quel contratto di affitto (necessità; imperfetto, 5ª persona)

g) Perché Gianni non .... venire a teatro con noi? (volontà; passato prossimo, 2ª persona)

h) Signora .... indicarmi la strada per andare alla stazione dei treni? (richiesta cortese; presente, 3ª persona)

7. Indica per ciascuna frase quale aspetto dell'azione esprimono le espressioni verbali sottolineate. Scegli fra: imminenza di un'azione; inizio di un'azione; svolgimento di un'azione; progressione di un'azione; continuità di un'azione; conclusione di un'azione.

Es. La situazione economica è ancora grave, ma <u>va migliorando</u>.
Progressione di un'azione.

a) Sì, va bene, arrivo fra cinque minuti: <u>sto per uscire</u>.

....

b) Oggi <u>abbiamo smesso di lavorare</u> molto tardi.

....

c) Adesso mangiamo un panino e dopo <u>continuiamo a studiare</u>.

....

d) Scusa se prima non ti ho risposto al telefono, ma <u>stavo allattando</u> il bambino.

....

e) Manca poco tempo all'esame: dovete <u>mettervi a scrivere</u> la tesina.

....

f) La prossima settimana Ilona <u>inizia a lavorare</u> alla biblioteca comunale.

....

g) Giulio si è tanto arrabbiato con Flavia che <u>è stato sul punto di rompere</u> l'amicizia.

....

h) Mi piace ascoltare la musica mentre <u>sto lavorando</u> al computer.

....

8. Scrivi tre frasi. Segui le indicazioni che ti diamo per ciascuna di esse.

Es. Usa il verbo *leggere* ed esprimi l'inizio dell'azione.
   Ieri ho cominciato a leggere l'ultimo libro di Camilleri: mi sembra molto bello.

a) Usa il verbo *telefonare* ed esprimi l'imminenza dell'azione.

....

b) Usa il verbo *partire* ed esprimi lo svolgimento dell'azione.

....

c) Usa il verbo *parlare* ed esprimi la conclusione dell'azione.

....

4 La coniugazione dei verbi regolari e irregolari

1. Completa le frasi con la forma giusta del verbo. Scegli una delle forme che ti diamo fra parentesi.

Es. Mi **mancheranno** (mancheranno / manceranno) gli amici!

a) Noi .... (finisciamo / finiamo) di studiare alle 18.

b) Il prossimo mese ....(comincierò /comincerò) l'università.

c) Tu .... (negheresti / negeresti) di esserti comportato male?

d) Ma voi davvero .... (credeste / credesti) a quelle frottole?

e) Quando inizia Carlo non .... (finische / finisce) più di parlare.

f) Le ragazze italiane .... (impazzano / impazziscono) per Tiziano Ferro.

2. Riscrivi le frasi. Cambia il verbo dal presente all'imperfetto.

Es. Laura mangia molta verdura.   *Laura mangiava molta verdura.*

a) Rachida studia l'italiano.   ....

b) Noi ceniamo alle 20.   ....

c) A te piace il rock?   ....

d) A scuola leggiamo Dante.   ....

e) Voi capite il professore?   ....

f) Laura arrossisce spesso.   ....

3. Riscrivi le frasi. Cambia il verbo dal presente al futuro.

Es. Le rose fioriscono a maggio.   *Le rose fioriranno a maggio.*

a) Manca l'insegnante.   ....

b) La pioggia impedisce la gara.   ....

c) Lia e Ugo litigano sempre.   ....

d) Noi mangiamo una pizza.   ....

e) La lezione comincia subito.   ....

f) No, non mi stupisco!   ....

4. Riscrivi le frasi. Cambia il verbo dal presente al passato remoto.

Es. Perché parli tanto?   *Perché parlasti tanto?*

a) Temo di non farcela. ....

b) Mio nonno ama l'Italia. ....

c) Sento un forte dolore al collo. ....

d) Noi viaggiamo molto. ....

e) Io non ti credo. ....

f) I bambini del coro cantano bene. ....

5. Riscrivi le frasi. Cambia il verbo dal presente al passato prossimo.

Es. Finisco presto di studiare.   *Ho finito presto di studiare.*

a) Balliamo tutta la notte. ....

b) Mangiate a mensa? ....

c) La lezione comincia alle 8. ....

d) Sento un po' di freddo. ....

e) Io non ti credo. ....

6. Completa le frasi con il verbo al modo congiuntivo. Coniuga l'infinito del verbo, che ti diamo fra parentesi, nel tempo e persona adatti al contesto della frase.

Es. Non voglio che tu ti **stanchi** *(stancare)* troppo.

a) Mi fa piacere che Julie .... (cominciare) a lavorare.

b) Se Betty .... (mangiare) di meno, starebbe meglio.

c) Speriamo che voi .... (pulire) la vostra stanza.

d) Non è giusto che loro .... (credere) di avere sempre ragione.

e) Non penso che tutti .... (capire) questo problema.

RIFLETTI E INDICA SE È VERO (V) O FALSO (F)

A) Nella 3ª coniugazione ci sono due gruppi di verbi: quelli che seguono il modello di sentire e quelli che seguono il modello di finire. ☐V ☐F

B) I verbi in –care e –gare cambiano il suono duro in dolce con le desinenze che cominciano per e o i. ☐V ☐F

C) I verbi della seconda coniugazione, alla prima, terza e sesta persona del passato remoto, possono avere due forme. ☐V ☐F

7. Completa le frasi con la forma giusta del verbo. Scegli una delle forme che ti diamo fra parentesi.

Es. Per la stazione *vai* (vadi / vai) sempre diritto.

a) Io .... (faccio / facio) sempre tutti gli esercizi.

b) La prossima estate noi .... (anderremo / andremo) in vacanza in montagna.

c) Io .... (berei / berrei) volentieri un'aranciata. E voi?

d) Voi .... (dicete / dite) sempre la verità.

e) Peter non ....(dà / da) mai un aiuto ai compagni.

f) Marco e Anna ....(volono / vogliono) comprare una casa.

g) Questa pianta ormai .... (è morta / è morita).

8. Riscrivi le frasi. Cambia il verbo dal presente all'imperfetto.

Es. I bambini escono da scuola alle 12:30.
   I bambini uscivano da scuola alle 12:30

a) Dove andate così di fretta?   ....

b) Tu fai il cuoco?   ....

c) Non possiamo partire.   ....

d) Dobbiamo studiare di più.   ....

e) La crisi economica fa paura.   ....

f) Gianni beve troppo vino.   ....

g) I bambini non sanno niente.   ....

h) Io tengo molto alla salute.   ....

9. Riscrivi le frasi. Cambia il verbo dal presente al futuro.

Es. Stasera vedo un film.   *Stasera vedrò un film.*

a) Puoi perdonarmi?   ....

b) Vengono anche loro?   ....

c) Alice va al mare con un'amica.   ....

d) Dovete adattarvi alla situazione.   ....

e) Maria dà una mano in cucina.   ....

f) Io faccio la mia parte.   ....

g) Noi sappiamo la verità.   ....

h) Lia traduce i classici latini.   ....

10. Riscrivi le frasi. Cambia il verbo dal presente al passato remoto.

Es. Cade spesso la neve.   *Cadde spesso la neve.*

a) Dante nasce a Firenze nel 1265.   ....

b) Tu dai ragione al professore?   ....

c) Chi dice tante sciocchezze?   ....

d) La pasta troppo cotta non piace a nessuno. ....

....

e) Noi non sappiamo nulla dell'incidente. ....

....

f) Scelgo i fiori più profumati.   ....

11. Riscrivi le frasi. Cambia il verbo dal presente al passato prossimo.

Es. Scrivi una mail al professore?   *Hai scritto una mail al professore?*

a) I bambini fanno il bagno.   ....

b) Muoio di fame!   ....

c) Noi scegliamo il riso ai piselli.   ....

d) Lucia stasera non esce.   ....

e) Vedi per caso Kaled?   ....

12. Completa le frasi con il verbo al modo congiuntivo. Coniuga l'infinito del verbo, che ti diamo fra parentesi, nel tempo e persona adatti al contesto della frase.

Es. Non mi piace che tu *stia* (stare) sempre chiusa in casa.

a) Vogliono che noi .... (tradurre) quella lettera.

b) Spero che mio fratello .... (scegliere) bene la sua strada.

c) Mi auguro che voi .... (potere) ottenere il lavoro.

d) Se Corinne .... (stare) più calma, studierebbe meglio.

e) Mi farebbe piacere che tu .... (dire) la verità.

RIFLETTI E RISPONDI
Un verbo irregolare:

A)☐ può avere un'irregolarità solo nella desinenza.

B)☐ può avere un'irregolarità solo nella radice.

C)☐ può avere un'irregolarità sia nella radice che nella desinenza.

5 I verbi: forma attiva, riflessiva e passiva

1. Completa i verbi riflessivi delle frasi seguenti con il pronome opportuno.

Es. Io la mattina *mi* vesto sempre in fretta.

a) Tu .... lavi con il sapone di Marsiglia?

b) Vengo subito! .... sto pettinando.

c) Laura .... veste in modo elegante.

d) .... lavate sempre con l'acqua fredda?

e) Questi bambini non .... fermano mai.

f) Se vai in motorino, ... spettini tutta.

2. Riscrivi le frasi. Cambia il verbo dal presente al passato prossimo.

Es. Alice si nasconde sotto il tavolo.   *Alice si è nascosta sotto il tavolo.*

a) Perché non ti fermi ancora un giorno da noi?

....

b) I bambini si lavano prima di entrare in piscina.

....

c) La sposa si veste con un abito bianco, lungo e scollato.

....

d) Perché vi nascondete? ....

e) Per la festa noi ci pettiniamo in stile anni '60.

....

3. Completa le frasi con l'imperativo dei verbi riflessivi che ti diamo fra parentesi. Scegli la forma adatta al contesto della frase.

Es. Ragazzi, *lavatevi* (lavarsi), prima di andare a letto!

a) Giulio, ... (vestirsi) in modo più serio!

b) Va bene signora, ... (rivestirsi) pure. Poi venga nel mio studio.

c) Se non volete prendere il raffreddore, ... (coprirsi) di più.

d) Per piacere Maria, non .... (pettinarsi) sempre così da esaltata!

e) .... (fermarsi) altri due giorni, signor Neri!

4. Quali fra queste frasi sono di forma passiva? Segnale con una X.

Es. ☒ La legge sul nuovo ordinamento dell'università sarà discussa domani.

a) ☐ Il nuovo ordinamento universitario farà discutere a lungo gli studenti.

b) ☐ Spesso la vittoria viene conquistata a caro prezzo dagli atleti.

c) ☐ In Italia si mangia molta verdura, sia a pranzo che a cena.

d) ☐ Qualche volta gli amici ci fanno anche commettere degli errori.

e) ☐ Sei stato contento dei risultati degli esami?

f) ☐ Tutti i libri della biblioteca comunale sono stati catalogati da volontari.

g) ☐ I prezzi dei prodotti alimentari di base andrebbero controllati.

h) ☐ Ieri i bambini si sono comportati male a scuola.

i) ☐ Le proteste dei lavoratori non sono state ascoltate dal governo.

5. Trasforma i verbi delle seguenti frasi passive dal presente al passato prossimo.

Es. Questa insalata è mangiata dalle lumache.
Questa insalata è stata mangiata dalle lumache.

a) Il vulcano Etna è dichiarato dall'UNESCO patrimonio dell'umanità.
......

b) Molti quesiti del test di ingresso all'università non sono capiti dagli studenti.
......

c) Questo bellissimo pizzo è tutto fatto a mano.
......

d) Il tetto della casa è ricoperto dai pannelli solari.
......

RIFLETTI E RISPONDI
In quale di queste frasi passive il verbo <u>non</u> può essere trasformato al passato prossimo?

A) ☐ La tua eleganza non è molto apprezzata.

B) ☐ In questo ristorante la pasta viene fatta a mano.

C) ☐ Sandra è sottoposta a forti stress.

Perché?
......
......

6. Trasforma le frasi dalla forma attiva alla forma passiva. Forma, quando possibile, la forma passiva sia con il verbo essere che con il verbo venire.

Es. Elena legge sempre attentamente tutta la posta.
Tutta la posta è letta sempre attentamente da Elena.
Tutta la posta viene letta sempre attentamente da Elena.

a) L'assemblea del condominio deve approvare tutte le spese.
....
....

b) L'insegnante scrive i compiti per i bambini alla lavagna.
....
....

c) Un gruppo di senatori uccisero Cesare nel 44 a.C.
....
....

d) Molte persone hanno visitato la mostra di Palazzo Venezia.
....
....

7. Scrivi con ogni gruppo di parole una frase di forma attiva e una di forma passiva. Coniuga il verbo e aggiungi gli elementi necessari.

Es. spese - sostenere – ristrutturazione - casa - noi
Noi abbiamo sostenuto molte spese per la ristrutturazione della casa.
Molte spese per la ristrutturazione della casa sono state sostenute da noi.

a) legge – immigrazione – Parlamento – approvare
....
....

b) preparare – cena – pesce – nostri amici – domani
....
....

c) calcio – campionato – vincere – mia squadra
....
....

d) studenti – studiare – verbi – maggiore impegno – anno passato
....
....

8. Trasforma le frasi dalla forma passiva alla forma attiva.

Es. Gli affreschi della Cappella Sistina sono stati dipinti da Michelangelo
Michelangelo ha dipinto gli affreschi della Cappella Sistina.

a) Mi è stato dato dal direttore l'incarico di coordinare la riunione.

....

b) La squadra della mia città è stata battuta da quella della tua.

....

c) In Italia il Parlamento viene eletto dal popolo.

....

d) Alì è stato chiamato in Italia da suo fratello Khaled.

....

e) Il diritto di sciopero non potrà essere violato dalla polizia.

....

f) Il palazzo è tutto abitato da lavoratori stranieri.

....

g) Ieri Lucia e Laura sono state interrogate dall'insegnante.

....

h) Il tentativo di spiegare il senso dell'esistenza è stato fatto da molti filosofi.

....

RIFLETTI E RISPONDI

1. Quale frase ha lo stesso identico significato di:
La legge va applicata?

A) ☐ La legge può essere applicata.

B) ☐ La legge si applica.

C) ☐ La legge deve essere applicata.

2. La forma passiva:

A) ☐ si usa soprattutto nella lingua orale.

B) ☐ si usa soprattutto nella lingua scritta.

C) ☐ non si usa mai nella lingua orale.

D) ☐ si usa soprattutto nelle regioni del Nord.

6 I verbi: pronominali e impersonali

1. Completa le frasi. Coniuga l'infinito del verbo pronominale, che ti diamo fra parentesi, nella forma opportuna, secondo il contesto della frase.

Es. Voi quando **vi deciderete** (decidersi) a studiare i verbi?

a) Il mio compagno .... (lamentarsi) perché sono disordinata.

b) Quando era piccolo Federico .... (vergognarsi) perché arrossiva.

c) Tu .... (approfittarsi) troppo della gentilezza di Amelie.

d) L'edera è una pianta che .... (arrampicarsi) ovunque.

e) Voi non .... (accorgersi) mai di niente!

f) Io .... (rallegrarsi) con te: hai detto proprio delle cose interessanti.

g) Io e Carlo l'anno scorso .... (prepararsi) insieme per l'esame.

h) Spesso i bambini .... (dimenticarsi) di fare i compiti.

i) La sera io .... (addormentarsi) sempre tardi.

2. Cambia il verbo pronominale dal presente al passato prossimo.

Es. Mi sveglio alle sette precise.   *Mi sono svegliato alle sette precise.*

a) Chi si pente merita il perdono. ....

b) Purtroppo ci allontaniamo sempre più da tutti i valori e gli ideali.

....

c) Perché vi arrendete così facilmente di fronte a un problema?

....

d) Angela e Guido si accaniscono troppo nella difesa del proprio partito.

....

e) Ti ricordi di comprare il pane? ....

f) Noi ci sediamo vicino all'uscita. ....

RIFLETTI E INDICA SE È VERO (V) O FALSO (F)

A) I verbi pronominali si coniugano come quelli riflessivi. ☐ V ☐ F

B) Nei verbi pronominali i pronomi atoni hanno valore riflessivo. ☐ V ☐ F

C) Tutti i verbi pronominali si coniugano anche senza pronome. ☐ V ☐ F

3. Scrivi cinque frasi con verbi che indicano fenomeni atmosferici. Segui le indicazioni che ti diamo per ciascuna di esse.

Es. Usa il verbo *piovere* ed esprimi l'inizio dell'azione al passato.
   Ieri è cominciato a piovere all'alba.

a) Usa il verbo *nevicare* ed esprimi l'imminenza dell'azione al presente.
....

b) Usa il verbo *diluviare* ed esprimi lo svolgimento dell'azione al presente.
....

c) Usa il verbo *grandinare* ed esprimi la conclusione dell'azione al passato.
....

d) Usa il verbo *albeggiare* ed esprimi lo svolgimento dell'azione al passato.
....

e) Usa il verbo *gelare* ed esprimi l'inizio dell'azione al futuro.
....

4. Riscrivi le frasi. Cambia le parti evidenziate con costruzioni impersonali.

Es. Se **la gente si impegnasse** per difendere l'ambiente, ci sarebbe meno
   degrado.
   Se *ci si impegnasse* per difendere l'ambiente, ci sarebbe meno degrado.

a) Quando **uno studia** non deve avere paura degli esami.
....

b) **La gente si interessa** poco ai problemi della scuola.
....

c) Spesso **uno dimentica** quello che studia senza interesse.
....

d) In questa casa **parlate** sempre a voce molto alta e **fate** confusione.
....

RIFLETTI E INDICA SE È VERO (V) O FALSO (F)

A) I verbi e le espressioni che indicano fenomeni atmosferici
   sono impersonali.   ☐ V   ☐ F

B) Tutti i verbi possono essere usati impersonalmente.   ☐ V   ☐ F

C) I tempi composti di tutti i verbi impersonali si formano sempre
   con l'ausiliare *essere*.   ☐ V   ☐ F

7 Uso dei nomi

1. Scrivi il corrispondente nome femminile di questi nomi maschili.

Es. *scrittore*   scrittrice

a) gatto	....	g) cameriere	....
b) padre	....	h) direttore	....
c) avvocato	....	i) infermiere	....
d) autore	....	l) figlio	....
e) leone	....	m) studente	....
f) marito	....	n) dottore	....

2. In queste frasi sono evidenziati dei nomi di genere comune, che hanno cioè una sola forma per il maschile e il femminile. Puoi comunque capire da altri elementi della frase se si tratta di maschile o femminile. Riscrivi le frasi: cambia i maschili in femminili e i femminili in maschili. Fai gli altri cambiamenti necessari.

Es. Il **tennista** che ha vinto l'ultima gara è un vero campione.
    La tennista che ha vinto l'ultima gara è una vera campionessa.

a) La **nipote** di Andrea è andata negli Stati Uniti.

....

b) L'**insegnante** di storia è molto brava e simpatica.

....

c) Mio zio è un **violinista** famoso.

....

d) Durante il concerto il **cantante** è caduto e si è fatto male.

....

RIFLETTI E RISPONDI
Come si forma il femminile dei nomi maschili che terminano in -*e*?

A) ☐ Tutti i nomi in -*e* hanno una sola forma.

B) ☐ Si forma cambiando la desinenza -*e* in -*a*.

C) ☐ Si forma in modi differenti.

3. Scrivi il plurale di questi nomi. Se si tratta di nomi che possono essere maschili o femminili, ti indichiamo M o F accanto a ciascuno di essi.

Es. ago   *aghi*

a) formaggio ....   h) amica ....

b) uomo ....   i) cane ....

c) mano ....   l) belga (M) ....

d) farmacia ....   m) greco (F) ....

e) auto ....   n) valigia ....

f) collega (F) ....   o) polizia ....

g) atleta (F) ....   p) discoteca ....

4. Riscrivi le frasi. Metti al plurale le parole evidenziate. Fai gli altri cambiamenti necessari.

Es. La **famiglia** dei nostri vicini è molto rumorosa.
      Le famiglie dei nostri vicini sono molto rumorose.

a) Il **problema** dell'esame era molto difficile.
....

b) La **direttrice** riceve solo il mercoledì e il venerdì.
....

c) A colazione mangio l'**uovo** strapazzato.
....

d) Oggi la **spiaggia** è molto affollata.
....

e) Carlo è caduto dalla bici e si è ferito la **guancia**.
....

5. Completa le frasi. Scegli le parole giuste fra quelle che ti diamo fra parentesi.

Es. Alice stringe sempre il gatto fra *le braccia* (i bracci / le braccia).

a) Il prof. mi ha chiesto di descrivere .... (gli ossi / le ossa) del cranio.

b) Questo candelabro a tre ....(bracci / braccia) è molto bello.

c) Gli operai stanno ripulendo .... (i cigli / le ciglia) della strada.

d) Amina ha degli occhi bellissimi e .... (i cigli / le ciglia) lunghe.

e) Metti da parte .... (gli ossi / le ossa) per il cane.

8 Uso degli articoli

1. Scrivi l'articolo determinativo davanti alle parole e poi cambia al plurale.

Singolare	Plurale
Es. la piazza	*le piazze*
a) .... esame	....
b)............. amica	....
c) .... professore	....
d)............. scienziato	....
e) .... problema	....
f)............. strada	....

2. Scrivi davanti a ogni nome la forma giusta dell'articolo determinativo o indeterminativo.

Articolo determinativo	Articolo indeterminativo
Es. il libro	Es. *un* libro
a) .... ospedale	.... ospedale
b) .... studente	.... studente
c) .... città	.... città
d) .... automobile	.... automobile
e) .... vestito	.... vestito
f) .... isola	.... isola

3. Completa le frasi con la forma giusta dell'articolo indeterminativo.

Es. Quanto costa **un** paio di scarpe da trekking?

a) Anche la buona cucina è .... arte.

b) Marco ha .... immenso amore per la sua città.

c) Bravi, avete avuto .... buona idea.

d) Vuoi .... aiuto?

e) Sono contenta, nel compito ho fatto solamente .... sbaglio.

4. Completa le frasi con gli articoli giusti.

Es. Giovanni ha **un** fisico eccezionale, sembra **un** atleta.

a) Mio zio aveva sposato .... cantante d'opera.

b) Lia è .... ragazza timida, ma molto intelligente.

c) Nella vita dell'uomo ci sono varie età: .... infanzia, ... adolescenza, ... giovinezza, ... maturità e infine .... vecchiaia.

d) L'estate scorsa ha fatto .... caldo insopportabile.

e) .... nostri amici arriveranno con .... treno ad alta velocità.

f) Ieri sera, al concerto, ... pianista è arrivata con molto ritardo.

g) Stanotte c'era .... luna bellissima, che illuminava .... giardino.

h) .... nonno di Lucy ha .... auto degli anni '60.

i) .... nostro medico di famiglia è .... professionista serio e scrupoloso.

l) Quest'anno, ... caldo e .... siccità stanno alimentando .... incendi.

5. Completa questa ricetta di cucina con gli articoli giusti.

Crema di formaggio alle nocci);ine

Ingredienti

200 g di formaggio di capra; 100 g di nocciline; 50 g di pomodori secchi; un grappolo d'uva; 2 cucchiai d'olio; uno spicchio d'aglio; un cucchiaino di timo; sale.

Procedimento

Sbucciate e tritate molto finemente *l'*aglio. Frullate **(a)**............ formaggio di capra con metà delle nocciline, **(b)**............ aglio, **(c)**............ timo e **(d)**............ pizzico di sale. Tagliate a dadini **(e)**............ pomodori secchi e tritate le rimanenti nocciline. Mettete **(f)**............ formaggio frullato in **(g)** .... ciotola e aggiungete **(h)** .... nocciline tritate e i pomodori, mescolando bene tutti **(i)** .... ingredienti.

Lasciate riposare in frigorifero per due ore.

Intanto lavate e asciugate delicatamente **(l)** .... grappolo d'uva, poi staccate gli acini e teneteli da parte.

Suddividete **(m)** .... formaggio alle nocciline in singoli piattini o ciotoline e servitelo con crostini di pancarrè tostato e con **(n)** .... acini di uva che avete preparato prima.

6. In queste frasi si ripete lo stesso nome. Completa le frasi.
Scrivi davanti a ciascun nome ripetuto l'articolo (determinativo o indeterminativo) giusto, secondo il contesto della frase.

Es. *La* casa dei miei nonni era a due piani. Era *una* casa né nuova né vecchia, *una* casa senza carattere e senza età.

a) .... **libro** che mi hai consigliato è divertente, ma è .... **libro** come tanti, ... **libro** di quelli che ti dimentichi subito di aver letto.

b) Un giorno arrivò in città .... **tipo strano**, che si comportava in modo strano. .... **tipo strano** infatti faceva dei gran complimenti alle ragazze modeste, mentre non guardava le ragazze bellissime, quelle che tutti ammirano.

c) Sara non ha criticato la sposa per .... **vestito**. .... **vestito** era bello, era .... **vestito** elegante e ben confezionato. Ma la pettinatura era ridicola.

d) .... **topolino** viveva felice dentro un magazzino di grano e non aveva problemi per trovare il cibo. Un giorno però .... **topolino** decise di invitare a pranzo tutti i suoi parenti e amici e cominciarono i problemi.

7. Metti l'articolo determinativo davanti ai nomi propri quando è opportuno.

Es. *Il* Po è il fiume italiano più grande e importante.

a) .... Sicilia è una delle regioni più belle d'Italia.

b) .... Palermo si trova in Sicilia.

c) Ti ha chiamato .... Anna?

d) .... Francia confina con .... Italia.

e) .... Neri non abitano più nel nostro quartiere.

f) Sono contenta perché anche .... Borri si è iscritta al corso di danza.

g) .... Alpi comprendono montagne molto alte.

h) .... Ferrari, Giorgia e Alessia, sono cugine.

i) .... Milano è la capitale economica d'Italia.

l) .... Tamigi attraversa Londra.

RIFLETTI E RISPONDI
L'articolo _non_ si usa:

A)☐ con i nomi di fiumi.

B)☐ con i nomi di città.

C)☐ con i nomi di nazioni.

8. Completa le seguenti frasi con l'articolo partitivo giusto.

Es. In soffitta ho trovato *dei* vecchi abiti di mia nonna.

a) In montagna abbiamo comprato .... formaggio fresco molto buono.

b) Mi hanno regalato un mazzo di fiori con .... rose e .... viole.

c) Nel sugo di funghi ho aggiunto .... panna fresca.

d) In TV danno spesso .... film vecchi e noiosi.

e) Tornando a casa, puoi comprare .... pane fresco?

f) Peter ha .... amici rumorosi, ma molto simpatici.

9. Riscrivi le frasi. Sostituisci con articoli partitivi le parti evidenziate.

Es. Io metto sempre **un po' di** latte nel caffè.
  *Io metto sempre **del latte** nel caffè.*

a) Ci sono **alcuni** giocatori di calcio che vengono pagati tantissimo.
....
....

b) Per cena ho comprato **un po' di** insalata e **un po' di** pomodori.
....
....

c) Ci sono **certi** politici che dicono delle cose palesemente false, eppure c'è chi ci crede.
....
....

10. Riscrivi le frasi. Sostituisci, in modo opportuno, gli articoli partitivi con una delle espressioni equivalenti: *qualche, alcuni, certi, un po'*. Fai i cambiamenti che sono eventualmente necessari.

Es. Abbiamo messo nel nostro giardinetto **delle piante** di rosa.
  *Abbiamo messo nel nostro giardinetto **qualche pianta** di rosa.*

a) La biblioteca ha acquistato dei libri nuovi.
....

b) Ho messo anche del burro nella torta.
....

c) A Natale regalerò a mia madre dei CD di musica classica.
....
....

9 Uso delle preposizioni

1. Completa le frasi con la preposizione semplice giusta. Scegli fra quelle che ti diamo fra parentesi.

Es. Ieri sono tornata **a** (a / di) casa tardi.

a) ………. (Con / Per) il compleanno ………… (di / a) Omar faremo una festa.

b) Venite domenica al cinema ………… (da / con) noi?

c) Vera ha trovato un gattino tutto solo e l'ha portato ………… (da / in) casa.

d) ………… (Per / A) me il pesce crudo non piace.

e) Sbrighiamoci, il treno parte ………… (da / fra) un quarto d'ora.

f) ………… (Da / Su) domani mi metto a studiare.

2. Completa le frasi con la forma giusta della preposizione articolata. Scegli fra quelle che ti diamo fra parentesi.

Es. La bicicletta è **del** (dello / del) mio vicino di casa.

a) Hai restituito i libri ………………… (allo / al) zio?

b) ……………. (Agli / Ai) bambini non piace il pesce.

c) L'8 marzo è la festa …………… (del / delle) donne.

d) Domani devo alzarmi ………….. (all' / alla) alba.

e) Talvolta il coraggio …………… (degli / dei) uomini è davvero grande.

f) È pericoloso salire …………. (sul / sullo) treno in movimento.

3. Completa la tabella, scrivendo davanti a ogni nome la forma giusta della preposizione articolata richiesta.

Preposizione *da*	Preposizione *in*	Preposizione *su*
Es. *dalla* montagna	Es. *nel* cassetto	Es. *sull'*albero
a) ………… mare	g) ………… zaino	o) …………tavolo
b) ………… piedi	h) ………… borsetta	p) …………bocca
c) ………… elicottero	i) ………… strada	q) …………mani
d) ………… zio	l) ………… stadi	r) …………libri
e) ………… scogli	m)………… aiuola	s) …………isola
f) ………… colline	n) ………… paesi	t) …………animali

4. Ti presentiamo alcune frasi in cui viene espressa una circostanza di tempo. Completa l'espressione riferita al tempo con la preposizione giusta. Scegli fra quelle che ti diamo fra parentesi.

Es. Mohamed è in Italia *da* (dal / fra / da) due anni.

a) Carlo deve allenarsi .... (in / con / per) tre ore al giorno.

b) Io la mattina mi preparo .... (con / in / da) venti minuti.

c) Mio padre insegna all'università .... (da / dal / dai) 1990.

d) Arriverò a Roma .... (fra / da / di) un'ora.

e) I bambini escono da scuola .... (dalle / a / alle) tredici.

f) .... (A / In / Per) estate andremo in montagna.

5. Ti presentiamo alcune frasi in cui viene espressa una circostanza di tempo. Completa l'espressione riferita al tempo con la preposizione giusta.

Es. Per andare a Firenze parto *alle* 7.

a) L'appuntamento con il medico è fissato .... lunedì prossimo.

b) Non vado a Parigi .... molti anni.

c) Yacouba ha studiato italiano a Perugia .... molti mesi.

d) La mia sorella più piccola è nata .... luglio.

e) Posso finire gli esercizi d'italiano .... mezz'ora.

f) .... un mese finiranno le lezioni e andremo in vacanza.

6. Ti presentiamo alcune frasi in cui c'è un'indicazione di luogo. Completa l'espressione riferita al luogo con la preposizione giusta.

Es. Oggi i bambini non vanno *a* scuola.

a) Nel pomeriggio Marco andrà .... medico.

b) Domenica voglio andare a fare una passeggiata .... bosco.

c) Tu vai .... università ogni giorno?

d) Luana partirà .... Berlino la prossima settimana.

e) Oggi soffia un vento freddissimo che viene .... Nord.

f) È meglio se con la macchina non passate........... centro.

g) Ho preso .... biblioteca l'ultimo libro di Umberto Eco.

h) I nostri amici sono appena tornati .... New York.

7. Ti presentiamo alcune frasi in cui ci sono espressioni che fanno riferimento al mezzo o al modo. Completa tali espressioni con le preposizioni giuste. Scegli fra quelle che ti diamo fra parentesi.

Es. Andrò alla stazione *in* (per / nel / in) taxi.

a) Il professore ha letto il testo .... (in / alla / a) voce alta.

b) I soldati si sono comportati .... (a / con / da) molto coraggio.

c) Mi piace molto andare a lavoro .... (a / con / per) piedi.

d) Angela è miope: può guidare solo .... (per / con / sugli) gli occhiali.

e) Ti ho spedito tutti i documenti .... (da / con / per) posta celere.

f) Da Roma a Milano conviene viaggiare .... (con / nel / per) il treno.

g) Stasera mangerò un bel piatto di spaghetti .... (con / del / al) sugo.

h) Tutti gli studenti hanno ascoltato la lezione .... (in / a / per) silenzio.

i) I nostri amici hanno comprato una barca .... (da / alla / a) vela.

l) Ho ricoperto la torta .... (di / per / della) panna.

8. Ti presentiamo alcune frasi in cui ci sono espressioni che fanno riferimento al mezzo o all'unione. Completa tali espressioni con la preposizione giusta.

Es. Venite *con* noi al concerto?

a) Il prosciutto va tagliato .... un coltello adatto.

b) Alban ha comprato una macchina .... gasolio.

c) Stasera Valentina esce .... le sue amiche.

d) Mi piace stare .... la gente.

e) Ho preparato gli zucchini ripieni .... carne.

9. Ti presentiamo alcune frasi in cui ci sono espressioni che fanno riferimento al modo o all'unione. Completa tali espressioni con la preposizione giusta.

Es. Stamani mi sono svegliata tardi e sono uscita *di* corsa.

a) I bambini vogliono sempre la pasta .... olio.

b) Vorrei che tu mi raccontassi le cose .... sincerità.

c) Lia lavora in un asilo infantile e non si stanca mai a stare .... i bambini.

d) Sofia è molto brava a cucinare il pollo .... limone.

e) A colazione mi piace mangiare il pane .... il burro e la marmellata.

10. Ti presentiamo alcune frasi in cui ci sono espressioni che fanno riferimento alla causa o allo scopo. Completa tali espressioni con le preposizioni giuste. Scegli fra quelle che ti diamo fra parentesi

Es. L'autostrada è stata chiusa per un'ora **per** (da / di / per) un incidente.

a) Il raccolto del grano è andato perduto .... (fra / per / su) il gelo.

b) Io faccio sempre molti errori .... (di / da / con) distrazione.

c) Studio musica .... (su / da / per) puro piacere.

d) Oggi, in città, si soffoca .... (da / di / in) caldo.

e) Quando si mangia? Io sto morendo .... (di / per / da) fame.

f) C'è un appartamento .... (per / da / in) vendita nel vostro quartiere?

g) .... (Per / Da / In) quella brutta caduta, quest'anno non potrò sciare.

h) La nonna mi ha regalato le sue bellissime tazzine .... (di / da / con) caffè.

i) Genny è molto contenta .... (con / dal / del) suo nuovo lavoro.

l) Sei un egoista, non fai mai niente .... (di / da / per) nessuno.

11. Ti presentiamo alcune frasi in cui ci sono espressioni che fanno riferimento alla causa o alla provenienza. Completa tali espressioni con la preposizione giusta.

Es. Molti problemi dell'Italia derivano **da** cause storiche.

a) Domani la città sarà bloccata .... lo sciopero dei servizi pubblici.

b) .... questo traffico faremo tardi all'appuntamento.

c) Non sapevo che Giuseppe fosse .... Napoli.

d) Questa notizia viene sicuramente .... giornali di sinistra.

e) Luca ha fatto una tale figuraccia che è diventato rosso .... vergogna.

12. Ti presentiamo alcune frasi in cui ci sono espressioni che fanno riferimento allo scopo o alla provenienza. Completa tali espressioni con la preposizione giusta.

Es. Carlo e Laura cercano di stare insieme **per** i bambini.

a) .... chi avete saputo la bella notizia?

b) Stefan è polacco, è .... Cracovia.

c) Giovanni si è comprato un bel giaccone .... montagna.

d) No, non so se Sara e Marta sono .... Piemonte o .... Valle d'Aosta.

e) .... l'estate ho bisogno di qualche maglietta nuova.

13. Ti presentiamo alcune frasi in cui ci sono espressioni che indicano specificazione, argomento o agente (frasi passive). Completa tali espressioni con le preposizioni giuste. Scegli fra quelle che ti diamo fra parentesi.

Es. All'esame ci sarà un test *sulle* (sulle / dalle / sui) preposizioni.

a) Mi piace leggere i racconti .... (su / della / di) fantascienza.

b) Gli affreschi della Cappella Sistina sono stati fatti .... (da / a / di) Michelangelo.

c) A Natale mi hanno regalato una pianta .... (del / di / con) ciclamino.

d) Domenica prossima ci sarà l'inaugurazione .... (del / di / dello) nuovo museo.

e) La libertà di culto religioso è prevista .... (della / da / dalla) Costituzione.

f) Ho comprato dei CD .... (della / con / di) musica classica.

g) In questo semestre stiamo seguendo un seminario .... (di / per / su) Dante.

h) Le strade sono state invase .... (dalle / delle / sulle) acque del fiume.

i) Le stanze .... (di / della / del) mia casa sono molto grandi.

14. Scrivi una frase con ciascuno dei seguenti gruppi di parole. Aggiungi gli articoli e le preposizioni necessarie.

Es. spiaggia / ragazzi / calcio / giocano
I ragazzi giocano a calcio sulla spiaggia.

a) bistecca / Bismark / abbiamo cucinato

....

b) è arrivato / Pietro / ritardo / casa

....

c) treno / Parigi / domani / partiremo

....

d) sorella / va / Ciang / piscina / lunedì

....

e) Giulia / supermercato / è andata / bambini

....

f) mio fratellino / scuola / 16 / esce

....

15. Completa le frasi con la preposizione impropria giusta. Scegli fra queste: *accanto – davanti – fuori – durante – senza – entro – insieme – sotto – prima di – dopo – lontano*

Es. Sono ormai tanti anni che Viola vive **lontano** dal centro.

a) Questi cuscini rossi non stanno tanto bene .... a quelli rosa.

b) Perché domenica non venite a teatro .... con noi?

c) La mattina ci sono sempre tante auto .... alla scuola.

d) Abbiamo saputo del divorzio di Silvia solo .... molto tempo.

e) Non vedo l'ora di essere .... da qui.

f) Non voglio che i ragazzi escano la sera .... il mio permesso.

g) È proibito entrare o uscire .... la lezione.

h) Lapo si è impegnato molto nella gara, ma Luigi è arrivato .... lui.

i) I lavori di ristrutturazione saranno finiti .... un mese.

l) Per giocare i bambini si nascondono .... al letto.

m) La farmacia è .... al bar.

16. Scrivi una frase con ciascuno dei seguenti gruppi di parole. Aggiungi gli articoli e le preposizioni necessarie.

Es. sopra / gatto / sempre / dorme / divano

    Il gatto dorme sempre sopra il divano.

a) farmacia / accanto / è / supermercato

....

b) Lorenza / vicino / me / abita

....

c) tue camicie / dentro / sono / armadio

....

d) dietro / città / molto verde / c'è

....

e) passeggiata / fiume / lungo / abbiamo fatto

....

f) Guido / sempre / colleghi / contro / si mette

....

g) mettere / casa / gatto / dovete / fuori

....

10 Uso degli aggettivi qualificativi

1. Cambia al femminile e al plurale, maschile e femminile le seguenti espressioni composte da nome + aggettivo

Maschile singolare	Maschile plurale	Femminile singolare	Femminile plurale
Es. bambino educato	*bambini educati*	*bambina educata*	*bambine educate*
leone feroce			
signore gentile			
professore studioso			
studente bugiardo			
cavallo veloce			

2. Completa le frasi con gli aggettivi *bello, buono* o *grande*. Scegli la forma giusta fra quelle che diamo fra parentesi.

Es. Romain è proprio un ***bel*** (bello / bel) bambino.

a) Che .... (buono / buon) odore! Cosa stai cucinando?

b) Voi fate sempre una .... (gran / gran') confusione.

c) Sul giornale di ieri c'è un .... (bel / bell') articolo su Pompei.

d) Mio nonno era un .... (buon / buon') uomo.

e) Marzia è molto elegante: ha sempre dei .... (belli / bei) vestiti.

f) Il coraggio di Diego è davvero .... (gran / grande).

g) Se tu avessi lasciato gli studi avresti fatto un .... (bel / bello) sbaglio.

3. In quali di queste frasi l'aggettivo qualificativo non potrebbe stare prima del nome?

a) ☐ Cesare ha un problema grave.

b) ☐ In sala da pranzo abbiamo un tavolo rotondo.

c) ☐ Amina ha molti vestiti neri.

d) ☐ Abbiamo visto un film molto divertente.

e) ☐ A mensa ho mangiato una zuppa buona.

f) ☐ Ti piacciono i formaggi francesi?

4. Completa le frasi con gli elementi necessari ad esprimere un comparativo di maggioranza, minoranza o uguaglianza.

Es. (maggioranza) Lara è **più** giovane **di** Maria.

a) (minoranza) Io sono .... simpatico .... mio fratello.

b) (uguaglianza) Le tue idee sono interessanti .... le sue.

c) (maggioranza) Mi piace il mare .... montagna

d) (uguaglianza) Molte ragazze sono alte .... i ragazzi.

e) (maggioranza) Oggi è una giornata umida .... fredda.

5. Completa le frasi con il superlativo dell'aggettivo che ti diamo fra parentesi.

Es. Ugo ha un **pessimo** (cattivo) carattere.

a) I voti di Zuzana sono .... (buono).

b) La mia macchina è .... (vecchio).

c) L'insegnante ci rimprovera anche per un .... (piccolo) sbaglio.

d) Il compito dell'esame era .... (difficile).

e) Il film di ieri sera era .... (brutto).

6. Scrivi una frase con ciascun gruppo di parole. Metti l'aggettivo al grado superlativo relativo e aggiungi gli elementi necessari.

Es. Geraldine / brava / studentessa / corso nostro
   Geraldine è la studentessa più brava del nostro corso.

a) professore / tedesco / simpatico / scuola / è

....

b) questo / è / computer / costoso / tutti

....

c) Monte Bianco / è / monte / alto / Alpi

....

RIFLETTI E RISPONDI
Quando un aggettivo si riferisce a più nomi di genere diverso, esso di solito si mette:

A) ☐ al plurale e al maschile.

B) ☐ al singolare e al maschile.

C) ☐ al plurale e al femminile.

11 Uso degli avverbi

1. Scrivi gli avverbi di modo derivati da questi aggettivi.

Aggettivo	Avverbio	Aggettivo	Avverbio
Es. lento	*lentamente*	f) probabile	
a) veloce		g) naturale	
b) allegro		h) passabile	
c) triste		i) intelligente	
d) gentile		l) sciocco	
e) generale		m) duro	

2. Completa le frasi con l'avverbio di modo giusto. Scegli fra: bene – male – meglio – peggio – volentieri – chiaro – forte

Es. Stringimi *forte!*

a) Sono contenta di vederti: hai fatto .... a venire a trovarmi.

b) La mia lavatrice è vecchia e funziona .... della tua.

c) Maribel è una brava bambina e va a scuola ....

d) Non ero preparata e il compito è andato ....

e) A me piacciono le persone che parlano ....

f) Se hai la febbre faresti .... a non uscire.

3. Scrivi una frase con ciascuno dei seguenti gruppi di parole in cui c'è un avverbio di modo. Aggiungi gli elementi necessari.

Es. bambini / devono / sempre / comportarsi / educatamente
    I *bambini devono comportarsi sempre educatamente.*

a) potresti / favore / piano / parlare

....

b) studiate / italiano / voi / distrattamente

....

c) importante / è / problemi / serenamente / affrontare

....

4. Osserva i seguenti gruppi di avverbi e locuzioni avverbiali di tempo e mettili in ordine: dal tempo passato più lontano a quello futuro più lontano.

Es. questa mattina – dopodomani mattina – ieri mattina – domani mattina

Ieri mattina – questa mattina – domani mattina – dopodomani mattina

a) questa notte – domani notte – ierlaltro notte – ieri notte

....

b) domani – oggi – dopodomani – fra tre giorni

....

c) stasera – due sere fa – ieri sera – domani sera

....

d) oggi – domani – una settimana fa – fra una settimana

....

e) quest'anno – un anno fa – fra un anno – due anni fa

....

f) questa domenica – domenica scorsa – domenica prossima – fra due domeniche

....

5. Completa le frasi con l'avverbio (o locuzione avverbiale) di tempo giusto. Scegli fra quelli che ti diamo fra parentesi.

Es. Capita **raramente** (sempre / raramente / mai) di essere così fortunati.

a) La sera esco poco, ma .... (quasi mai / presto o tardi / ogni tanto) vado al cinema o a teatro.

b) .... (presto / ultimamente / finora) ci sarà l'esame di italiano.

c) Da ragazzo andavo a passare le vacanze in un paese di mare che .... (adesso / finora / allora) non era frequentato dai turisti.

d) Ieri sera alle nove Lucia era .... (allora / ora / ancora) al lavoro.

e) Se vogliamo imparare l'italiano, dobbiamo fare .... (sempre / presto / tardi) gli esercizi, orali e scritti.

f) Valerio vive all'estero da tanto tempo, ma non ha .... (spesso / mai / talvolta) dimenticato i suoi amici italiani.

g) Bambini, sono le nove! Dovete andare .... (tardi / sempre / subito) a letto.

h) Sì, Corinne è in casa: è rientrata proprio .... (subito / adesso / spesso).

6. Completa le frasi con l'avverbio (o la locuzione avverbiale) di luogo giusto. Scegli fra quelli che ti diamo fra parentesi.

Es. Ricordati di mettere **fuori** (fuori / ora / gentilmente) le piante.

a) .... (stasera / per fortuna / qui) non piove da quattro mesi.

b) Abbiamo cercato il gatto .... (disperatamente / dappertutto / tutto il giorno), ma non l'abbiamo trovato.

c) Hai sbagliato strada: dovevi girare .... (prima / con calma / a destra)

d) Ho sistemato i vestiti .... (ieri / in alto / ordinatamente) nell'armadio.

e) Spero che Eva passi .... (di qua / stamani / velocemente).

f) Il fiume è straripato e l'acqua è arrivata .... (velocemente / dappertutto / in nottata).

7. Scrivi una frase con ciascuno dei seguenti gruppi di parole in cui c'è un avverbio di luogo. Aggiungi gli elementi necessari.

Es. paese / lontano / troppo / non / arrivare / possiamo / lì / piedi / è
Il paese è troppo lontano, non possiamo arrivare lì a piedi.

a) campagna / qui / e / bellissima / è / verde / molto

....

b) è salito / più alto / ramo / gatto / albero / lassù

....

c) libri / matematica / lì / tavolo / soggiorno / sono

....

d) ho ritrovato / macchina / chiavi / quaggiù / fondo / cassetto / questo

....

RIFLETTI E INDICA SE È VERO (V) O FALSO (F)

A) *Ci*, *vi* e *ne*, possono avere la funzione di avverbi di luogo
e di pronomi. ☐ V ☐ F

B) *Ci* è usato molto più frequentemente di *vi*. ☐ V ☐ F

C) *Ne* equivale a *lì, in quel luogo, da quel luogo*. ☐ V ☐ F

D) *Ci* e *vi* non possono mai stare dopo il verbo. ☐ V ☐ F

E) *Qui* e *qua* indicano un luogo vicino a chi parla. ☐ V ☐ F

8. Scrivi per ognuna delle risposte una domanda coerente, fatta con un avverbio interrogativo.

Domanda	Risposta
Es. *Quanto hai speso?*	Circa 100 euro.
	Nel 1975.
	Molto bene.
	In Via Dante Alighieri.
	È bella e intelligente.
	Da quattro mesi.
	Al cinema.

**9. Scrivi tre frasi per ognuno di questi avverbi di quantità.
Usa l'avverbio riferito a: 1. un verbo; 2. un aggettivo; 3. un altro avverbio.**

Es. molto
Es. 1. Ieri sera, a cena, ho mangiato **molto**.
Es. 2. La mia macchina nuova è veloce e **molto** bella.
Es. 3. Giorgio è cresciuto **molto** precocemente.

a) abbastanza
a1) ....
a2) ....
a3) ....

b) troppo
b1) ....
b2) ....
b3) ....

RIFLETTI E RISPONDI
L'avverbio *affatto* si usa:

A) ☐ sempre in frasi negative e prende il significato di *per niente*.

B) ☐ sempre in frasi affermative per rinforzare l'affermazione.

C) ☐ soprattutto in frasi negative e prende il significato di *per niente*.

12 Uso dei numerali

1. Scrivi in lettere i seguenti numeri in cifre.

Cifre	Lettere	Cifre	Lettere
Es. 88	*ottantotto*	e) 1008	
a) 23		f) 2014	
b) 31		g) 40.001	
c) 95		h) 781.553	
d) 108		i) 1.263.712	

2. Completa le seguenti frasi con le forme giuste dei numerali. Scegli fra quelle che ti diamo fra parentesi.

Es. Alice è nata *il **primo*** (il primo / l'uno) gennaio.

a) Bob ha vinto alla lotteria .... (tre milioni di euro / tre milioni euro).

b) Partirò per Padova con il treno delle .... (dodici e trenta / 12.30).

c) Per i mobili, abbiamo speso circa .... (ventimille / ventimila) euro.

d) Ho mangiato .... (un' / uno) arancia e due kiwi.

e) Belli questi vestiti! Mi piacciono molto .... (tutti e 2 / tutti e due).

f) Prendete il libro e andate a .... (pagina 69 / 69 pagina).

g) Nel mio giardino ci sono .... (ventiuno / ventuno) piante di rose.

h) Ci vediamo verso le .... (8.15 / otto e un quarto)? Ti va bene?

i) Il .... (25.4.1945 / 25 aprile 1945) finì la guerra in Italia.

l) Nella villa dei Chigi ci sono .... (ventitré / ventitre) stanze.

3. Scrivi in numeri le seguenti date.

Es. 24 gennaio 2014   ***24.1.2014***

a) 5 maggio dell'anno passato   ....

b) 12 agosto dell'anno prossimo   ....

c) 23 dicembre di quest'anno   ....

d) 17 luglio 1958   ....

e) 30 giugno 1975   ....

4. Scrivi in lettere le frazioni in cifre.

Cifre	Lettere	Cifre	Lettere
Es. 2/3	*due terzi*	e) 15/22	
a) 3/8		f) 12/16	
b) 4/5		g) 13/63	
c) 7/8		h) 20/70	
d) 9/10		i) 25/90	

5. Completa le seguenti frasi con le forme giuste dei numerali. Scegli fra quelle che ti diamo fra parentesi.

Es. Vittorio Emanuele *II* (II / 2ª) è stato il primo re d'Italia.

a) Al concorso, Giulio e Pietro sono arrivati tutti e due .... (2ª / secondi), a pari merito.

b) Adesso siamo nel .... (21ª / XXI) secolo.

c) Il mio fratellino frequenta la .... (5ª / 5) classe della scuola primaria.

d) Moar e Fati abitano al .... (settesimo / settimo) piano.

e) John è arrivato .... (ventitresimo / ventitreesimo) alla maratona di New York.

f) La mia squadra del cuore quest'anno è solo al .... (IX / 9°) posto in classifica.

6. Scrivi una frase con ciascuno dei seguenti gruppi di parole in cui c'è un numerale collettivo (cioè che indica più cose). Aggiungi gli elementi necessari.

Es. supermercato / dozzina / uova / anche / compra
   Compra anche una dozzina di uova al supermercato.

a) abbiamo invitato / cena / amici / coppia

....

b) paio / nuovi / occhiali / ho bisogno

....

c) Alessia / avrà / anni / ventina / adesso

....

d) piante / olivo / centinaia / diverse / possono avere / anche / anni

....

13 Uso dei pronomi personali

1. Completa le frasi con i pronomi soggetto giusti.

Es. Io non so perché *tu* abbia lasciato l'università.

a) .... credi che la vita sia facile: .... penso il contrario.

b) .... occupati della macchina .... portate giù i bagagli .... preparo i panini.

c) So che .... è partita. Quando tornerà?

d) .... sabato andiamo a ballare. .... venite?

e) Quando sono arrivato da Mario, ... era appena uscito.

f) Spesso .... dobbiamo rimanere in ufficio fino a tardi.

2. Completa le frasi con i pronomi soggetto giusti. Scegli fra quelli che ti diamo fra parentesi.

Es. Cerca di fare come *me* (io / me).

a) Sei stato .... (tu / te) a telefonare questa mattina?

b) Domani sarò .... (io / me) che dovrò alzarmi presto.

c) Per questa notizia, io sono sorpreso quanto .... (tu / te).

d) Vorrei parlare l'italiano come lo parli .... (tu / te) .

e) Felice .... (egli / lui), che ha trovato un buon lavoro!

f) Perché non vieni a cena dai miei amici? Pure .... (essi / loro) ti sono antipatici?

g) Nessuno è sfortunato quanto .... (io / me)

3. Nelle seguenti frasi metti fra parentesi i pronomi personali soggetto che non era obbligatorio usare.

Es. Sì, *(io)* ho fatto tutto questo lavoro da solo.

a) Io partirò domani con il treno, tu verrai lunedì con la macchina.

b) Noi domenica abbiamo fatto una gita al mare.

c) Non so se tu sia stato contento del risultato dell'esame.

d) Neppure noi sapevamo che oggi c'era lo sciopero dei treni.

e) Tu sei stata molto coraggiosa!

f) Lui è gentile e simpatico, ma lei non saluta neppure.

4. Segna con una X le frasi in cui i pronomi di forma tonica (forte) possono essere sostituiti da pronomi di forma atona (debole).

Es. ☒ Mary **a noi** non ha dato niente.

a) ☐ Sofia è andata a teatro, ma Paola non è andata **con lei**.

b) ☐ Va bene, posso telefonare **a voi** dopo cena.

c) ☐ Questa proposta **a me** non piace per nulla.

d) ☐ Sì, io ho visto **lui** all'uscita del supermercato.

e) ☐ Perché stasera non vieni a cena **da me**?

f) ☐ **A lei** capita spesso di non riuscire ad addormentarsi.

5. Le forme dei pronomi atoni *ci* e *vi* possono significare *noi, a noi* e *voi, a voi*. Leggi le seguenti frasi e indica il significato che il pronome *ci* o *vi* ha nella frase.

	noi	a noi	voi	a voi
Es. Vi porto subito il dolce!	☐	☐	☐	☒
a) Per favore, vuoi darci ascolto, almeno una volta?	☐	☐	☐	☐
b) Perché non ci invitate a cena domani?	☐	☐	☐	☐
c) Anche se siete stanchi, venite alla festa, vi prego!	☐	☐	☐	☐
d) Noi siamo sempre in casa, telefonaci quando vuoi.	☐	☐	☐	☐
e) I ragazzi vengono a trovarci a Capodanno.	☐	☐	☐	☐

6. Riscrivi le frasi. Cambia i pronomi di forma tonica con pronomi di forma atona. Fai gli altri cambiamenti necessari.

Es. Regalerò a lui un libro.   *Gli regalerò un libro.*

a) Ho incontrato Luisa, ma a lei non ho detto nulla della festa.

....

b) A me dispiace molto per il cattivo esito del tuo esame.

....

c) Tu hai incontrato lui lunedì o martedì della scorsa settimana?

....

d) A voi è sembrata noiosa la conferenza sulle politiche europee per l'ambiente?

....

e) Non sento Alessia da tanti giorni. Voi avete sentito lei?

....

7. Completa le frasi con i pronomi complemento, tonici o atoni, giusti

Es. Devo dire una cosa urgente a Edoardo: *gli* telefono subito.

a) Silvia era confusa perché prima .... avevano detto di aspettare e poi ....hanno rimproverata per essere in ritardo all'appuntamento.

b) Cristina e Alessandra sono andate in montagna, ma io non sono potuto partire con ....

c) .... manca poco per completare l'album delle figurine. Vediamo di trovarle, così .... faremo felice.

d) Ho preparato una torta al cioccolato e .... ho ricoperta di panna.

e) Su questo vestito, se .... piace, posso farle un bello sconto.

f) A .... non importa che Marco non abbia vinto il concorso. Tu e lui non siete mai stati dei veri amici.

g) Abbiamo dei bambini piccoli e per .... non è facile andare a lavorare all'estero.

h) L'ho sempre detto che la carne .... piace poco e che preferisco le verdure.

8. Scrivi, fra parentesi, il nome a cui si riferisce il pronome evidenziato.

Es. Ho dei cioccolatini buonissimi, *ne* volete (cioccolatini)?

a) Flavio, insieme a Livia, ha combinato un bel pasticcio e non possiamo rimediar**lo** (.....................................).

b) I bambini sono molto raffreddati e hanno anche la tosse; **gli** preparerò del latte caldo (.....................................).

c) Adesso non ho tempo di accendere il computer e guardare la posta, **la** vedrò domani (.....................................).

d) Luigi ha comprato uno scooter che **gli** piace tanto (.....................................).

e) La signora del piano di sotto mi ha regalato un gattino bellissimo, tutto nero. Vuoi venire a veder**lo** (.............................)?

RIFLETTI E INDICA SE È VERO (V) O FALSO (F)

A) Il pronome *lo*, può anche sostituire un'intera frase, precedente o successiva. ☐V ☐F

B) *Ci*, può avere anche la funzione di avverbio di luogo, oltre che di pronome. ☐V ☐F

C) *Ne* ha sempre il valore di pronome di 3ª o 6ª persona. ☐V ☐F

D) *Si* ha sempre il valore di pronome riflessivo, di 3ª e 6ª persona. ☐V ☐F

9. Riscrivi le frasi. Sostituisci le parole evidenziate con i pronomi accoppiati: *glielo – gliela – gliene – glieli – gliele.*

Es. Ho preso un libro in prestito da Sara: **lo** riporterò **a lei** domani in piscina.
*Ho preso un libro in prestito da Sara: **glielo** riporterò domani in piscina.*

a) L'uso dei pronomi non è difficile: possibile che non si riesca a far**li** capire **a lui**?

....

b) Ho delle bellissime rose in giardino, quando viene Rachida voglio far**le** vedere **a lei**.

....

c) **A lui** non devi parlare **di politica** perché non ha più fiducia in nessun partito.

....

d) Lia e Ugo non sono andati alla festa perché l'invito **a loro lo** hanno mandato tardi.

....

e) I miei amici sono stati molto generosi: sono davvero grato **a loro della generosità**.

....

f) Sono i miei più cari amici: **li** voglio presentare **a lei**, perché non li ha mai visti.

....

10. Riscrivi le frasi. Cambia i pronomi allocutivi da quello familiare (cioè dal *tu***) a quello formale (cioè al** *lei***) e viceversa. Fai tutti i cambiamenti necessari nella frase.**

Es. Tu credi proprio di aver fatto la cosa giusta?
Lei crede proprio di aver fatto la cosa giusta?

a) Le andrebbe bene avere uno sconto del 10%?

....

b) Dimmi quando ti posso trovare a casa: ho bisogno di parlarti.

....

c) Non credo che ti convenga lasciare adesso il tuo posto di lavoro.

....

d) Le consiglio di scrivere una lettera, precisando tutte le sue ragioni.

....

e) Mi ha fatto piacere conoscerti. Spero di rivederti al più presto.

....

14 Uso dei possessivi

1. Completa le frasi con l'aggettivo possessivo giusto.

Es. Non capisco il senso delle *loro* parole. Dovrebbero essere più chiari.

a) Ho lasciato il .... ombrello a casa di Lisa e mi sono bagnata da capo a piedi.

b) Voi che dite? Partiamo con il .... solito treno?

c) Sei sicuro che il .... vecchio computer funzioni ancora bene?

d) Greta e Nicola amano molto gli animali e sono affezionatissimi ai .... cani.

e) Qualche volta avete ragione, ma le .... contestazioni sono eccessive.

f) Sono stata a casa di Ginevra e per sbaglio ho preso il .... cellulare.

2. Completa le frasi con il pronome possessivo giusto. Aggiungi l'articolo o la preposizione necessari.

Es. Matteo pensa spesso agli affari degli altri, mentre dovrebbe pensare ai *suoi*.

a) Abbiamo dimenticato il dizionario. Potete prestarci ....

b) Ecco le pizze che avevamo ordinato. Ognuno prenda ....

c) Se hai finito i panini posso dartene un po' .... Ne ho molti.

d) Voi avete i vostri gusti e noi abbiamo ....

e) Elena e Paolo vedono i problemi degli altri, ma non ....

3. Scrivi una frase con ciascuno dei seguenti gruppi di parole. Aggiungi un possessivo e tutti gli elementi necessari.

Es. lavoro / interessante / è   *Il tuo lavoro è interessante.*

a) amici / simpatici / sono

....

b) ha / casa / giardino / grande / molto / figlio

....

c) squadra / tutte / ha vinto / partite / campionato

....

d) abita / amica / Piazza Garibaldi / due mesi

....

4. Scrivi l'articolo davanti all'aggettivo possessivo, quando è necessario.

Es. *Il* mio fratello più giovane studia economia all'università.

a) .... nostro padre lavora in banca da tanti anni.

b) .... loro cugino vive in Argentina da due mesi.

c) .... mia sorella si sposerà a giugno.

d) .... nostri genitori sono partiti domenica scorsa per Vienna.

e) Quando venite a trovarci? Io e ...... mia moglie vi aspettiamo!

f) Ieri, sul treno, ho incontrato .... tuo zio.

g) .... vostri figli si sono già laureati?

h) Salutami .... tua simpatica sorella!

5. Completa le frasi. Scrivi il possessivo giusto prima o dopo il nome.

Es. Lui non accetta consigli da nessuno. Vuole sempre fare di testa *sua!*

a) Venite domani a cena a .... casa ....?

b) Per .... conto .... Sandra non avrebbe dovuto dimettersi.

c) State zitti, per favore! Questi non sono .... affari ....

d) Risentiamo della crisi e anche i .... affari .... non vanno bene.

e) Giorgio si è comportato male, ma non è stata tutta .... colpa ....

f) Per il compleanno di Lapo faremo una festa nel .... giardino ....

g) Eh sì, ... cari .... la vita è dura!

h) Ecco le .... arance ...., signora. Grazie!

6. In queste frasi è stato sempre usato l'aggettivo *proprio*, al posto *suo* o *loro*. In quali frasi questo uso <u>non</u> è corretto? Segnale con una X.

Es. ☒ Tutti lo ascoltavano in silenzio ed erano incantati dalle proprie parole.

a) ☐ Ognuno ha diritto ad avere le proprie idee.

b) ☐ Quello che mi piace di più della tua ragazza è la propria simpatia.

c) ☐ Giulio è stato molto bravo: ha fatto tutto con le proprie forze.

d) ☐ Bisogna essere consapevoli dei propri limiti.

e) ☐ Certi professori sono severi, ma dobbiamo riconoscere la propria competenza.

f) ☐ Spesso i giovani trascurano la propria salute.

g) ☐ Cecilia è molto bella, ma la propria antipatia è insopportabile.

15 Uso dei dimostrativi

1. Cambia le seguenti frasi dal singolare al plurale.

Es. Quel cane è di Tommaso.
Quei cani sono di Tommaso.

a) Quell'ombrello marrone è tutto rotto.

....

b) Quello è uno scorpione, ma non è velenoso.

....

c) Quella ragazza è molto preparata: sa sempre tutto.

....

d) Quel ragazzo mi piace: è gentile ed educato.

....

e) Quest'orologio non è preciso, va sempre avanti.

....

2. Completa le frasi con le forme giuste dei dimostrativi *questo* o *quello*.

Es. Prendi **quel** libro, là sulla scrivania.

a) Sei tu .... che ha ritrovato il mio gatto?

b) Ho risposto a tutti i quesiti, ma .... qui non mi riesce.

c) Come sei elegante! .... vestito ti sta proprio bene.

d) Gioele è un tipo strano: non si capisce mai .... che pensa.

e) Vieni .... sera in piazza a sentire la banda musicale?

f) In .... ultimi mesi ho lavorato molto e sono stanca.

RIFLETTI E INDICA SE È VERO (V) O FALSO (F)

A) Solamente gli aggettivi dimostrativi *questo* e *quello*
non hanno mai l'articolo.   ☐ V ☐ F

B) Tutti gli aggettivi e i pronomi dimostrativi non hanno
mai l'articolo.   ☐ V ☐ F

C) Tutti gli aggettivi e i pronomi dimostrativi stanno
sempre prima del nome.   ☐ V ☐ F

3. Completa le frasi con la forma giusta del dimostrativo *stesso*. Scrivi, in modo opportuno, il dimostrativo prima o dopo il nome, il pronome o il verbo a cui si riferisce. Aggiungi l'articolo quando è necessario.

Es. Io e Valentina abbiamo gli *stessi* amici.

a) Da quando ha divorziato, Filli si è chiusa in .... sé ....

b) Luis è simpatico, ma dice sempre .... cose ....

c) Domani ci sarà uno sciopero dei treni, ma io .... partirò
....

d) .... loro .... hanno ammesso di non essere preparati per l'esame.

e) Vado in montagna, ho prenotato .... albergo ....
dell'anno passato.

4. Completa le frasi con il dimostrativo giusto. Scegli fra quelli che ti diamo fra parentesi.

Es. Riccardo aveva ragione, ma non doveva usare *tali* (tali / queste) parole.

a) Non ho capito proprio .... (lo stesso / ciò) che avete detto.

b) Sono .... (ciò / questi) i vostri documenti?

c) Il professore .... (stesso / tale) ha dato ragione agli studenti.

d) Betty e Marzia hanno .... (la tale / la stessa) età.

e) Hanno fatto tutto .... (questo / ciò) che potevano per aiutarlo.

f) Tu sei sempre .... (ciò / quello) che protesta, per tutto.

5. Completa il testo con i dimostrativi giusti.

Quando i miei nonni erano giovani si mangiava in modo diverso. A *quei* tempi i cibi erano grassi e pesanti, mentre ora la gente preferisce cose leggere e sostanziose.

Anche per i cibi ci sono oggi mode che cambiano velocemente e (a) .... nuove mode ci spingono a rinnovare sempre le nostre scelte. (b) .... cibi di una volta, pieni di condimenti, comunque non si usano più. Ma (c) .... non significa che non ci siano più i buoni sapori. (d) ...., anzi, sembrano ancora più diffusi. In casa o fuori, da soli o con gli amici, il cibo viene molto curato e ci sono sempre più donne e uomini che si dedicano alla cucina con passione. Ma (e) ....
non vuol dire che si debbano preparare e mangiare cibi molto elaborati.

16 Uso degli indefiniti

1. Completa le frasi con gli indefiniti giusti. Scegli fra quelli che ti diamo fra parentesi.

Es. No, noi non abbiamo **nessun** (nessun' / nessun) altro esame da fare.

a) .... (alcuna / nessuna) ragazza è bella come te.

b) È stata una festa bellissima: .... (alcuno / niente) è stato trascurato.

c) D'accordo, non c'è .... (alcun / alcuno) problema.

d) Non abbiamo capito .... (nulla / alcuna) di ciò che hai detto.

e) Erika non ha .... (alcun / alcuna) voglia di venire alla festa.

f) Sono passato a trovare Ingrid, ma in casa non c'era .... (nessuna / nessuno).

g) Non preoccuparti per il voto: non ha .... (alcuna / alcun) importanza.

h) .... (Nessun / Nessuno) di voi ha un libro di grammatica latina?

2. Scrivi una frase con ciascuno dei seguenti gruppi di parole in cui c'è un indefinito che indica quantità nulla. Aggiungi gli elementi necessari e metti la frase in forma negativa, quando è necessario.

Es. festa / fine anno / nessuno / c'era / amici / vostri
Alla festa di fine anno non c'era nessuno dei vostri amici.

a) cena / bambini / niente / hanno mangiato

....

b) niente / avete / bere?

....

c) sapeva / nessuno / fare / grammatica / compito

....

d) casa / nuova / Matilde / c'è / nulla / originale

....

e) amici / miei / nessuno / esame / ha superato / chimica

....

f) discorso / presidente / assemblea / alcun / aveva / significato / ieri

....

3. Completa le frasi con gli indefiniti giusti. Scegli fra quelli che ti diamo fra parentesi.

Es. Fuori della mensa c'era **uno** (alcuno / uno) che dava biglietti omaggio per il nuovo pub.

a) A Natale andrò in Sicilia da .... (certi / uni) miei parenti.

b) Stamani ha chiamato .... (tale / un tale) che volava parlarti.

c) Alla festa di Lorenzo c'erano .... (altri / certi) dolci buonissimi.

d) Ecco il pane e il formaggio. Le serve .... (altro / un altro)?

e) Prendete .... (altro / un altro) caffè?

f) C'è qualcun .... (tale / altro) che vuole ancora un po' di pasta?

4. Completa le frasi con l'indefinito giusto. Scegli fra *qualche, qualcuno / qualcuna* o *qualcosa*.

Es. A Ferragosto andremo al mare per **qualche** giorno.

a) .... di voi deve raccontarmi tutto, per filo e per segno.

b) Posso passare da te verso le diciassette. Ci sarà .... in casa?

c) Ci possiamo incontrare verso le 13, così mangiamo .... insieme e parliamo.

d) Alla conferenza c'era solamente .... anziana signora.

e) Devo comprarmi una giacca: ho bisogno di .... di elegante.

f) .... dice che sarà un inverno freddissimo, ma io non ci credo.

5. Riscrivi le frasi. Cambia *alcuni/alcune* con *qualche* o *qualcuno / qualcuna*. Fai i cambiamenti necessari nella frase.

Es. Lara racconta i suoi segreti solo ad alcune delle amiche.
Lara racconta i suoi segreti solo a **qualche amica**.

a) Ho scritto a Giovanni per salutarlo e dirgli alcune parole di conforto.

....

b) In campagna ci siamo riposati, abbiamo fatto solo alcune passeggiate.

....

c) Alcuni studenti si sono ritirati dal corso di linguistica.

....

d) Alcune piante del giardino sono morte per il grande freddo di quest'anno.

....

6. Completa le frasi con l'indefinito giusto. Scegli fra quelli che ti diamo fra parentesi.

Es. I bambini hanno mangiato **tutta** (ciascuno / tutto / tutta) la torta.

a) Il professore darà a .... (ogni / ognuno / qualunque) un compito diverso.

b) .... (ognuno / chiunque / qualunque) bar vende anche i gelati.

c) Alla festa c'erano dei fiori su .... (ciascuno / ognuno / ciascun) tavolo.

d) .... (chiunque / qualunque / ogni) potrebbe fare questo lavoro.

e) Al concerto c'erano persone di .... (ognuna / ogni / tutta) età.

f) A me piace .... (ognuno / chiunque / qualsiasi) tipo di frutta.

g) .... (Ogni / Tutti / Chiunque) i bambini dovrebbero essere felici.

h) Non dovresti sempre dare ascolto a .... (qualunque / ogni / chiunque).

i) .... (Tutto / Ciascuno / Qualunque) quello che dici è giusto.

l) .... (Ogni / Ciascun / Ciascuno) di noi ha un compito preciso.

7. Completa il testo con gli indefiniti giusti.

Mio padre era molto giovane quando io ero piccola e non aveva tanta voglia di occuparsi di me. Lui aveva fatto **alcuni** anni di guerra e si era ammalato. Quando la guerra era finita e lui era guarito, doveva ancora scoprire la vita e non capiva i piccoli bisogni di una bambina piccola come me. **(a)**.....................
volta, la sera mi leggeva delle storie, ma erano storie strane, che piacevano a lui, ma che io non capivo. Così invidiavo le bambine che avevano padri diversi, che le accompagnavano **(b)** .... domenica ai giardini o gli facevano fare **(c)** .... corsa in Piazza, dietro ai piccioni.

(d) .... diceva che mio padre era un cattivo padre, ma io, ora che non sono più una bambina, penso che lui non avesse troppa colpa di quella distrazione nei miei confronti.

RIFLETTI E INDICA SE È VERO (V) O FALSO (F)

A) *Qualunque* e *qualsiasi* hanno lo stesso significato di
   "non importa quale".   ☐ V   ☐ F

B) *Ogni* è invariabile.   ☐ V   ☐ F

C) *Ognuno* e *ciascuno* hanno funzione di aggettivo e di pronome. ☐ V   ☐ F

D) *Chiunque* ha solo funzione di pronome.   ☐ V   ☐ F

8. Completa il testo della lettera con un indefinito che indica una quantità indeterminata. Scegli fra: *troppo – tanto / molto / parecchio – poco / po'*

Cara Simona,

è **tanto** tempo che non ci vediamo e ho deciso di scriverti per raccontarti un **(a)** .... di novità. Io mi sono trasferita a Roma da **(b)**...................... mesi. Ho un appartamento non distante dal museo dove lavoro e sono contenta perché posso muovermi a piedi. A **(c)** .... passi c'è anche un centro commerciale con **(d)** .... negozi, anche di prodotti biologici, che **(e)** .... non apprezzano, ma che, come sai, sono la mia passione.

Il lavoro mi piace e ho **(f)** .... colleghi simpatici.

Quando vieni a trovarmi? Nell'appartamento lo spazio è **(g)** ...., ma possiamo arrangiarci.

Ti aspetto!

Baci,

Federica

9. Rispondi alle seguenti domande. Usa nella risposta un aggettivo o un pronome indefinito.

Es. Cosa c'è per cena questa sera?
    C'è l'insalata e un po' di formaggio fresco.

a) Da quanto tempo conosci Angela?

....

b) Chi è venuto ieri alla lezione di italiano?

....

c) Che fiori ti ha regalato Peter per il tuo compleanno?

....

d) Quante persone c'erano ieri sera al concerto di Natale?

....

e) Cosa ti aspetti dalla vita?

....
....

f) Che cosa avete comprato per la festa di domani?

....
....

17 Uso degli interrogativi e degli esclamativi

1. Completa le frasi con i pronomi interrogativi o esclamativi giusti. Scegli fra: *chi – che cosa / cosa.*

Es. *Chi* viene con me?

a) Ma .... fate? Non capisco il vostro comportamento.

b) Chissà .... starete pensando di noi!

c) Mi dispiace, ma non so .... sia successo: ieri la macchina andava bene.

d) Non si sa .... sia stato il più furbo.

e) .... dobbiamo sentire! È meglio non ascoltare altro.

f) .... vedo! Dopo tanto tempo quasi non ti riconoscevo.

2. Completa le frasi con i pronomi interrogativi o esclamativi giusti. Scegli fra: *che – quale – quanto.*

Es. Sono indecisa fra questi due vestiti. Tu *quale* sceglieresti?

a) .... hai detto? Non ho capito.

b) Va bene, prendo la valigia grande e quella piccola. .... spendo?

c) .... buono! Non avevo mai mangiato un dolce così squisito.

d) Il mio colore preferito è il verde. .... è il tuo?

e) A noi rimangono da dare quattro esami. A voi .... ne rimangono?

f) Non so .... siano le condizioni di salute di Marco. Ieri aveva la febbre alta.

3. Scrivi una frase con ciascuno di questi gruppi di parole. Usa *chi, che, che cosa* **con funzione di pronome interrogativo o esclamativo. Aggiungi gli elementi necessari.**

a) oggi / non capisco / che cosa / ragazzi / vogliono

....

....

b) chissà / succederà / cosa / domani / finale / gara

....

....

4. Completa le frasi con gli aggettivi e interrogativi giusti.

Es. *Che* bella ragazza! La conosci?

a) .... amico si sarebbe comportato così male!

b) .... giorni sono passati dall'ultima volta che ci siamo visti?

c) Non so .... libri leggi di solito.

d) .... sete! Spero che ci sia un bar qui vicino.

e) Chissà .... tempo farà domani! Vorremmo andare in montagna.

f) .... freddo! Io adesso accendo la stufa.

g) Non so .... vestito mettermi per andare a teatro.

h) .... farfalle ci sono quest'anno!

5. In quali di queste frasi potresti sostituire *quale* con *che*. Segnale con una X.

Es. ☒ Ma in quale situazione ti sei messo? Non capisco.

a) ☐ Quali sono le sue valutazioni professore?

b) ☐ Puoi spiegarmi qual è il tuo problema?

c) ☐ Non so con quali piatti apparecchiare la tavola per la festa dei bambini.

d) ☐ Quale profumo usi? Mi piace moltissimo.

e) ☐ Con quale coraggio vieni a chiederci ancora dei soldi?

6. Scrivi per ogni risposta una domanda adeguata, che contenga un aggettivo interrogativo.

Domanda	Risposta
Es. *Che ore sono?*	Mancano dieci minuti alle undici.
a)	Circa cento studenti.
b)	Il francese, lo spagnolo e un po' di inglese.
c)	Quello di diritto privato.
d)	Carol è austriaca.
e)	Preferisco i colori scuri.
f)	Ascoltiamo sempre la musica classica.
g)	Il nostro treno parte alle 16:28.

18 Uso dei relativi

1. A quale elemento della frase si riferiscono i pronomi relativi evidenziati? Scrivilo nella riga fra parentesi.

Es. Siamo molto contenti per i messaggi arrivati da tutta Italia, **i quali** dimostrano l'interesse per la nostra iniziativa *(i messaggi)*.

a) Questo è l'amico **con il quale** ho lavorato in Mali. (.....................)

b) Abbiamo visto a Roma la mostra di Modigliani, **che** è davvero molto bella. (.....................)

c) Ci sono diritti per la difesa **dei quali** vale la pena impegnarsi. (..........................)

d) L'arancia è un frutto **che** contiene molta vitamina C. (..........................)

2. In quale di queste frasi potresti sostituire il pronome relativo *il quale* **con il relativo** *che*? **Segnale con una X.**

Es. ☒ Ascolto sempre i Cd i quali mi hai regalato per il mio compleanno.

a) ☐ Zoe ha una bella giacca blu sotto la quale porta una camicia azzurra.

b) ☐ Quei due ragazzi biondi, i quali incontri in piscina, sono i fratelli di Cora.

c) ☐ Questa è la causa la quale mi ha impedito di finire gli studi.

d) ☐ Chi è la ragazza con la quale esci tutte le sere?

3. Scegli il completamento giusto di ciascuna frase che contiene un *che* **pronome relativo.**

Es. A Luca non è piaciuto il film che
y. ☐ ha pagato il biglietto.
w. ☒ ha visto ieri sera.

a) L'armadio che
y. ☐ ho in camera era di mia nonna.
w. ☐ ci tengo i vestiti invernali è in soffitta.

b) Gli amici che
y. ☐ hai conosciuto ieri andranno a lavorare in Norvegia.
w. ☐ vado in vacanza sono molto sportivi.

4. Riscrivi le frasi, cambia il pronome relativo _cui_ con il pronome relativo _il quale_. Fai tutti gli altri cambiamenti necessari.

Es. La zia Carolina è quella a cui sono più affezionata.
La zia Carolina è quella **alla quale** sono più affezionata.

a) La città da cui vengo è piccola, ma tranquilla e accogliente.

....

b) Non dimenticherò mai i compagni di scuola, con cui ho passato giorni felici.

....

c) Ecco il numero dell'avvocato a cui ti puoi rivolgere per la tua causa di divorzio.

....

d) Vuoi dirmi il motivo per cui ti sei licenziato dal lavoro?

....

e) Sono i miei familiari le persone su cui conterò sempre per avere un aiuto.

....

f) I libri sono una delle poche cose di cui Maria Antonietta non può fare a meno.

....

5. Cambia le due frasi in una frase unica. Usa un pronome relativo.

Es. Luigi ha finalmente raggiunto il risultato. Per questo risultato ha lottato molto.
Luigi ha finalmente raggiunto il risultato per **cui** ha lottato molto.

a) Il treno viene da Milano. Il treno è in ritardo.

....

b) Hamed lavora in un ristorante. Il ristorante è nel centro della città.

....

c) Il problema non si è risolto. Io ti ho parlato di questo problema.

....

RIFLETTI E INDICA SE È VERO O FALSO.

A) Il pronome relativo _che_ non è mai accompagnato
da una preposizione. ☐V ☐F

B) Il pronome relativo _cui_ non è mai accompagnato dall'articolo. ☐V ☐F

C) Il pronome relativo _cui_ è invariabile. ☐V ☐F

D) Il pronome relativo _il quale_ è variabile. ☐V ☐F

6. Completa le frasi con le espressioni relative giuste. Scegli fra quelle che ti diamo fra parentesi.

Es. Dov'è la borsa **nella quale** (nella quale / che / per cui) ho messo i libri?

a) Ho seguito in televisione un dibattito .... (che / del quale / in cui) hanno affrontato importanti temi di economia.

b) Lo studente .... (al quale / il cui / che) in assemblea è stato tanto applaudito, è un mio amico.

c) Stasera vado a cena dalle ragazze .... (delle quali / che / con cui) sono stato in India la primavera scorsa.

d) Il libro di poesie .... (cui / al quale / che) mi ha regalato il mio ragazzo per Natale mi è piaciuto molto.

e) Ho letto un racconto molto bello .... (i cui / sui quali / nei quali) fatti si svolgono nel Medioevo.

f) La nutrizionista .... (alla quale / che / la cui) si è rivolta Sara per i suoi problemi di digestione, è molto brava.

g) A Natale andremo in montagna, nello stesso posto .... (che / in cui / per cui) siamo stati l'anno passato.

h) Nella vita ci sono delle cose .... (la quale / la cui / per cui) è davvero importante impegnarsi e lottare.

7. Completa le frasi con il pronome relativo giusto. Aggiungi gli articoli o le preposizioni necessarie.

Es. La novità **che** ho appena saputo è davvero sorprendente.

a) Ci sono persone .... è meglio non fidarsi.

b) La situazione .... mi sono trovato ieri sera è stata imbarazzante.

c) Abbiamo molti amici .... possiamo sempre contare.

d) Genny vuole comprare quel vestito rosso .... abbiamo visto ieri in vetrina.

e) Ognuno difende le idee politiche .... è convinto.

f) Scusami, ma ho perduto il biglietto .... avevo scritto il tuo indirizzo.

g) Ho visto il vostro cane .... correva da solo per la strada.

h) La strada .... abito è molto tranquilla e piena di verde.

i) I ragazzi .... frequentiamo il corso di cinese sono simpatici.

l) Ci sono cose .... non vale la pena di lottare.

8. Riscrivi le frasi. Metti un pronome relativo doppio al posto delle espressioni evidenziate. Scegli fra: *chi – chiunque – quanto – quanti – quante.* **Fai i cambiamenti necessari.**

Es. Ricorderò sempre **ciò che** hai fatto per noi.
  Ricorderò sempre **quanto** *hai fatto per noi.*

a) Il primo numero della rivista sarà inviato **a tutti quelli che** lo richiederanno.
....

b) Non devi credere a **colui che** ti ha raccontato questa storia assurda.
....

c) **Qualunque persona che** si sia comportata così è certamente poco sensibile.
....

d) Spesso **coloro che** amano molto gli animali sono vegetariani.
....

9. Collega nel modo giusto le due parti di frasi.

Es. Ti ho portato il libro	1) in cui ho passato l'infanzia.
a) Ti piacciono i film	2) per cui non sono venuto alla festa di Lara.
b) Questa è la casa	3) dal quale è andato tuo padre?
c) Vado a trovare i miei zii	4) che frequentate quest'anno?
d) Devo far riparare il motorino	5) di cui ti ho parlato ieri sera.
e) Ti spiegherò il motivo	6) che fanno piangere?
f) Chi è il cardiologo	7) a cui sono molto affezionata.
g) Vi piace il corso di italiano	8) con cui vado a lavorare.

10. Completa le frasi. Usa un pronome relativo, accompagnato, se necessario, dall'articolo o la preposizione.

Es. Ieri abbiamo visto Gaia *che andava all'università.*

a) Al cinema Odeon danno il film ....
b) Sono andato dai miei nonni ....
c) Nel giardino ci sono delle piante di ibisco ....
d) Non sono riuscito a fare gli esercizi ....
e) Sono andato dal medico ....
f) Mirko ha comprato la macchina ....
g) Lavoro nella stessa azienda ....

19 Uso delle congiunzioni coordinanti

1. Completa le frasi con una congiunzione adatta. Scegli fra quelle che ti diamo fra parentesi.

Es. Non mi piace il giallo, **neppure** (anche / ma / neppure) il rosa.

a) Stasera non ho voglia di uscire, ... (ma / inoltre / oppure) devo ripassare la lezione per domani.

b) Prenderò il treno per Roma delle 13:38 .... (e / o / però) quello delle 14:38.

c) Piove e tira vento .... (anche / ma / oppure) non fa freddo.

d) La festa di Eleonora è stata bella .... (eppure / però / e) ci siamo divertiti.

e) Bisogna impegnarsi perché si diffonda la pace .... (ma / e / oppure) la collaborazione fra i popoli.

f) Non abbiamo visto Nina e .... (nemmeno / eppure / anche) il marito.

g) Ieri sera ero molto stanca, ... (anche / oppure / eppure) non riuscivo ad addormentarmi.

2. Completa le frasi con una congiunzione adatta.

Es. Vieni con noi **o** aspetti Veronica?

a) Prima studio .... poi guardo la partita di calcio in TV.

b) Stamani sono andato a correre .... faceva molto freddo.

c) Il film raccontava la storia di un immigrato slavo .... della sua famiglia.

d) So che Salvatores è un grande regista .... a me i suoi film non piacciono.

e) A Pasqua vorrei andare al mare .... a Londra dalla mia amica Marina.

f) Paolo non sa parlare il tedesco e .... il francese.

g) Stasera noi andiamo in discoteca. .... voi cosa fate?

RIFLETTI E RISPONDI
Le congiunzioni coordinanti *anche, inoltre, nemmeno, neanche, neppure*:

A) ☐ si usano spesso con la congiunzione *e*.

B) ☐ si usano sempre in frasi negative.

C) ☐ hanno tutte valore avversativo.

3. Completa le frasi con una congiunzione adatta. Scegli fra quelle che ti diamo fra parentesi.

Es. Greta ha studiato molto, **dunque** (dunque / ma / o) merita di passare l'esame.

a) Siamo stati a Roma a visitare Montecitorio .... (cioè / infatti / ma) la sede del Parlamento italiano.

b) Mi sembrava che Ginevra avesse studiato poco .... (cioè / infatti / tuttavia) non ha superato l'esame.

c) Laura ha perso il treno .... (infatti / perciò / ossia) ha deciso di rimanere a dormire a Bologna.

d) Sabato sono impegnato .... (però / eppure / dunque) non possiamo andare al mare.

e) Ragazzi, disegnate un ottagono, ... (pertanto / ossia / ma) una figura con otto lati.

4. Completa le frasi con una congiunzione adatta.

Es. Nella libreria di Via del Corso vendono libri **sia** nuovi **che** usati.

a) A Capodanno starò a casa: non ho voglia .... di viaggiare .... di andare a sciare.

b) I vostri compiti sono andati male, ... dovete studiare di più.

c) Mario deve prendere una decisione: .... accetta il nuovo contratto .... si licenzia.

d) Siamo tutti stanchi, ... smettiamo di discutere.

e) Ti avevo detto che avremo fatto tardi, ... abbiamo perso l'autobus.

5. Scrivi un completamento adatto alle seguenti frasi. Rifletti bene sul valore della congiunzione.

Es. Sono contento **ma anche** molto stanco.

a) Sono contento e ....

b) Sono contento perciò ....

c) Sono contento infatti ....

d) Giorgio deve studiare e anche ....

e) Giorgio deve studiare oppure ....

f) Giorgio deve studiare, tuttavia ....

g) Giorgio deve studiare, quindi ....

20 Uso delle congiunzioni subordinanti

1. Completa le frasi con una congiunzione adatta. Scegli fra quelle che ti diamo fra parentesi.

Es. Non farò l'esame **fino a che** (fino a che / perché / quando) non sarò ben preparato.

a) Le vacanze sono finite .... (quando / prima che / mentre) io e Linda potessimo conoscerci meglio.

b) Elena non è venuta a lezione .... (poiché / dopo che / tuttavia) è andata a trovare i suoi nonni

c) .... (Fino a che / Siccome / Mentre) è nevicato moltissimo, domani le scuole sono chiuse.

d) .... (In quanto che / Prima che / Ogni volta che) decido di andare a correre nel parco comincia a piovere.

e) Mio padre ha comprato una macchina a gas .... (per il fatto che / quando / mentre) è più economica.

2. Completa le frasi con una congiunzione adatta.

Es. Ida, **appena** arriva l'estate, va al mare.

a) Mio fratello è andato in Amazzonia .... ama la natura selvaggia.

b) Bambini, potete guardare la TV solo .... avete fatto i compiti.

c) .... c'è una fitta nebbia, non possiamo sciare.

d) Paola non può mangiare il pane .... è allergica al glutine.

e) .... tu apparecchi la tavola, io preparo l'insalata.

3. Trasforma le frasi in una frase unica. Usa una congiunzione adatta.

Es. Cercate di fare in fretta. Il tempo passa velocemente.
   Cercate di fare in fretta **perché** *il tempo passa velocemente.*

a) Fa freddo. Mi metto guanti e sciarpa.

....

b) Io vado al supermercato. Tu vai a prendere la torta in pasticceria.

....

4. Completa le frasi con una congiunzione adatta. Scegli fra quelle che ti diamo fra parentesi.

Es. È sicuro *che* (quando / se / che) non ce la faremo ad arrivare in tempo per l'appuntamento.

a) Tutti possono partecipare alla gara, ... (che / prima che / purché) siano disposti ad accettare certe regole.

b) .... (Purché / Che / Se) avete bisogno di chiarimenti potete inviare una e-mail all'indirizzo che trovate sul sito della banca.

c) I giornali hanno annunciato .... (qualora / che / mentre) ci sarà un aumento del prezzo del pedaggio autostradale.

d) Quest'anno Tessa non andrà al mare .... (che / se / dopo che) sua madre non si sarà rimessa in salute.

e) Le previsioni dicono .... (che / qualora / quando) la prossima settimana il tempo sarà bello e non farà freddo.

5. Completa le frasi con una congiunzione adatta.

Es. Vengo alla festa *a condizione che* torniamo a casa presto.

a) Ti dico sempre .... devi essere più paziente con i ragazzi.

b) Giulia accetterà il lavoro .... non le chiedano di fare un orario spezzato.

c) .... Marco non cambia atteggiamento, non gli parlo più.

d) Vi ho ripetuto tante volte .... io non cambio facilmente idea.

e) Ricordati .... devi passare in farmacia a prendere lo sciroppo per la tosse.

6. Scrivi un completamento adatto alle seguenti frasi. Rifletti bene sul valore della congiunzione.

Es. Riccardo arriverà presto *se non troverà* tanto traffico in autostrada.

a) Ti ho già spiegato che ....

b) Andremo a Londra se ....

c) È vero che ....

d) Andrea parteciperà alla maratona a condizione che ....

e) Tutti sono convinti che ....

7. Completa le frasi con una congiunzione adatta. Scegli fra quelle che ti diamo fra parentesi.

Es. Bisogna fare delle leggi *affinché* (che / affinché / purché) tutti possano avere un'istruzione universitaria.

a) Luigi è così sospettoso .... (che / quando / perché) non si fida di nessuno, neppure degli amici.

b) Il Museo del Louvre è talmente grande .... (mentre / che / perché) non siamo riusciti a vederlo tutto.

c) Ci vuole molto impegno da parte tua .... (che / prima che / perché) tu riesca a difendere i tuoi diritti.

d) .... (Purché / Che / Affinché) il frigorifero funzioni bene, non bisogna aprirlo troppo spesso.

e) Ieri sera ero così stanca .... (dal momento che / perché / che) mi sono sdraiata sul divano e mi sono addormentata.

8. Completa le frasi con le congiunzioni adatte.

Es. Sono *così* arrabbiato *che* non voglio vedere nessuno.

a) Parlavamo .... piacevolmente .... ci siamo dimenticati di telefonare a Luigi.

b) Vi do queste informazioni .... abbiate più elementi per decidere.

c) Io e tuo padre abbiamo fatto il possibile .... tu potessi realizzare i tuoi sogni.

d) Ugo è stato .... insistente con il professore .... ha ottenuto ciò che voleva.

e) Bisogna chiedere al sindaco di intervenire .... risolva il problema del traffico.

9. Scrivi un completamento adatto alle seguenti frasi. Rifletti bene sul valore della congiunzione.

Es. Devi portare questi documenti a Vittoria prima che *lei parta* per Roma.

a) No, oggi non vado in piscina perché ....

b) Dobbiamo parlare tutti insieme affinché ....

c) Questa notte è piovuto così tanto che ....

d) Al telegiornale hanno detto che ....

e) L'anno prossimo Yong andrà a lavorare in Brasile se ....

10. Completa le frasi con una congiunzione adatta. Scegli fra quelle che ti diamo fra parentesi.

Es. *Benché* (quanto / benché / a condizione che) oggi sia una bella giornata di sole, fa molto freddo.

a) Non sono molto convinto dell'efficacia delle scelte di Roby.....................
(anche se / oppure / a condizione che) sono fondate su buoni motivi.

b) Non sei ancora a metà del compito .... (affinché / mentre / poiché) avresti dovuto essere alla fine.

c) Fabio dice sempre di non avere soldi ....dal momento che / fino a che / quando) prende un ottimo stipendio.

d) .... (prima che / nonostante / siccome) abbia fatto grandi promesse, il governo non ha affatto diminuito le tasse.

e) Erica dovrebbe provare a stare più calma, ... (perché / sebbene / così...che) non sia facile nella sua situazione.

11. Completa le frasi con una congiunzione adatta.

Es. Il governo ha diminuito i fondi alle scuole, ***mentre*** avrebbe dovuto aumentarli.

a) .... piove, devo andare a fare la spesa.

b) Mi piace la nuova casa di Miriam, ... sia poco luminosa.

c) Ti sei messo a dormire .... avresti dovuto riordinare la casa.

d) Ho sbagliato: ho regalato un CD di musica classica a Teresa ....
lei ama il jazz.

e) .... io e Monica fossimo molto amiche, adesso ci vediamo raramente.

f) Le donne italiane si sono molto emancipate, ... c'è ancora molto da fare.

RIFLETTI E INDICA SE È VERO O FALSO

A) Quasi tutte le congiunzioni concessive introducono una frase
con il verbo al congiuntivo. ☐ V ☐ F

B) La congiunzione finale più usata è *perché*. ☐ V ☐ F

C) La congiunzione *mentre* ha sempre valore temporale. ☐ V ☐ F

D) La congiunzione *che* introduce sempre una frase subordinata. ☐ V ☐ F

E) Le congiunzioni consecutive sono spesso costituite da due
elementi, detti correlativi. ☐ V ☐ F

12. Completa le frasi con una congiunzione adatta. Scegli fra quelle che ti diamo fra parentesi.

Es. Luigi è stimato nel suo lavoro **quanto** (senza che / dato che / quanto) Mario è considerato poco competente e inaffidabile.

a) Volevo andare al mare .... (in quanto che / se non che / come) mi si è guastata la macchina.

b) La situazione di Gianni è meno grave .... (di come / così / pertanto) me l'avevi descritta.

c) Il compito di italiano era più difficile .... (quando / di quanto / tranne che) non sembrasse a prima vista.

d) Non sempre i figli si comportano .... (che / nonostante che / nel modo che) noi vorremmo.

13. Completa le frasi con una congiunzione adatta.

Es. Per favore, ditemi **se** arriverete domani o dopodomani.

a) Mio fratello non pulisce la nostra stanza bene .... la pulisco io.

b) Non so .... Gaia abbia sposato Niccolò: non hanno niente in comune.

c) Per piacere, dimmi .... hai speso per il vino.

d) Bisogna leggere le istruzioni e fare .... dicono, passo per passo.

e) Non capisco .... Benedetta sia sempre così scontenta e nervosa.

f) Posso accettare tutto .... voi non rispettiate le persone anziane.

g) Questo libro è più interessante .... non mi fosse sembrato all'inizio.

h) Ho fatto .... Mila mi aveva detto.

14. Scrivi un completamento adatto alle seguenti frasi. Rifletti bene sul valore della congiunzione.

a) Alla festa ci siamo tanto divertiti se non che ....
....

b) Alla festa ci siamo tanto divertiti prima che ....
....

c) Alla festa ci siamo tanto divertiti anche se ....
....

d) Alla festa ci siamo tanto divertiti che ....
....

15. Indica per ciascuna frase con quale delle congiunzioni indicate sotto potresti sostituire la congiunzione *che*.

Es. Preferisco rimanere in città con gli amici **che** andare in vacanza da solo.
☐ a condizione che   ☐ nonostante che   ☒ piuttosto che   ☐ come

a) Sì, lo dico a voce alta, **che** tutti sentano quello che penso.
☐ prima che   ☐ se   ☐ perciò   ☐ affinché

b) Vado a dormire, **che** domani devo alzarmi presto.
☐ cioè   ☐ perché   ☐ benché   ☐ tuttavia

c) Sono almeno sei mesi **che** Hamid ha lasciato il lavoro.
☐ poiché   ☐ da quando   ☐ se   ☐ affinché

d) **Che** io sappia, Sandra e Gianni non stanno più insieme.
☐ Siccome   ☐ Da quando   ☐ Per quanto   ☐ Benché

16. Indica per ciascuna frase con quale delle congiunzioni indicate sotto potresti sostituire la congiunzione *perché*.

Es. Questa sera non faccio cena **perché** ho mal di stomaco.
☐ affinché   ☐ anche se   ☒ poiché   ☐ quando

a) Bisogna scaldare bene il forno **perché** l'arrosto si cuocia bene.
☐ mentre   ☐ piuttosto che   ☐ poiché   ☐ affinché

b) Ieri sono rimasta un'ora in più in ufficio **perché** avevo del lavoro arretrato.
☐ visto che   ☐ affinché   ☐ quindi   ☐ quando

c) Oggi ci vogliono due stipendi **perché** si riesca a pagare un mutuo per la casa.
☐ fino a che   ☐ pertanto   ☐ affinché   ☐ siccome

17. Indica per ciascuna frase con quale delle congiunzioni indicate sotto potresti sostituire la congiunzione *come*.

Es. Come arriva l'autunno, qui c'è sempre la nebbia.
☐ Perché   ☐ Sebbene   ☒ Quando   ☐ Purché

a) Tutti sanno **come** l'Unione Europea sia un bene da difendere.
☐ che   ☐ ma   ☐ eppure   ☐ se

b) La mostra di Tiziano non era tanto bella **come** avevano detto.
☐ anche se   ☐ quando   ☐ mentre   ☐ quanto

c) Luisa, **come** inizia l'estate, parte subito per il mare.
☐ se   ☐ appena   ☐ pure   ☐ quando

21 Forma esplicita e implicita delle subordinate

1. Ti presentiamo delle frasi in cui c'è una subordinata esplicita, cioè introdotta da una congiunzione subordinante e con il verbo di modo finito (indicativo, congiuntivo, condizionale). Segna con una X quali di queste subordinate potrebbero avere anche forma implicita, cioè con il verbo di modo infinito (infinito, participio, gerundio).

Es. ☒ Devo studiare giorno e notte **perché possa superare l'esame**.

a) ☐ Penso **che verrò domani da te**.

b) ☐ Mi dispiace **che voi non veniate a teatro**.

c) ☐ Vorrei sapere **chi avrebbe risolto il problema meglio di Chiara**.

d) ☐ Ho fatto dei sacrifici **affinché potessi comprarmi una bella automobile**.

e) ☐ Dobbiamo recintare il giardino **perché il cane non possa scappare**.

2. Riscrivi le frasi, cambia le subordinate di forma esplicita in subordinate di forma implicita.

Es. Stasera sono molto stanca, credo **che andrò a letto molto presto**.
*Stasera sono molto stanca, credo **di andare** a letto molto presto.*

a) Betta deve capire **che ha superato il limite con i suoi modi aggressivi**.

....

b) Devi renderti conto **che hai studiato veramente poco e male**.

....

c) Non credevamo **che fossimo stati poco accoglienti con i vostri amici**.

....

3. Riscrivi le frasi, cambia le subordinate di forma esplicita in subordinate di forma implicita.

Es. Leo ci scriverà **perché ci possa spiegare meglio la sua opinione**.
*Leo ci scriverà **per poterci spiegare** meglio la sua opinione.*

a) Vogliamo incontrarvi **affinché risolviamo il problema amichevolmente**.

....

b) Marta ha sempre risparmiato **perché avesse dei soldi per le emergenze**.

....

4. Riscrivi le frasi, cambia le subordinate di forma esplicita in subordinate di forma implicita.

Es. Vado spesso alle mostre d'arte **perché amo la pittura moderna.**
Amando la pittura moderna, vado spesso alle mostre d'arte.

a) **Siccome ho da fare**, questa sera non posso venire a cena da te.

....

b) Stasera non vengo in piscina **perché ho un tremendo raffreddore.**

....

c) **Poiché siamo stati invitati a pranzo dalla signora Fini**, dobbiamo mandarle dei fiori.

....

d) Lorenzo vive con i genitori **perché non ha ancora un lavoro fisso.**

....

5. Riscrivi le frasi, cambia le subordinate di forma esplicita in subordinate di forma implicita.

Es. Andrò al cinema **dopo che avrò finito il mio turno di lavoro.**
Finito il mio turno di lavoro, andrò al cinema.

a) **Dopo che avrete fatto il compito**, consegnate tutti i fogli.

....

b) Diego ci scriverà una mail **appena sarà arrivato in America.**

....

c) **Quando mia sorella avrà trovato un lavoro**, si sposerà.

....

6. Riscrivi le frasi, cambia le subordinate di forma esplicita in subordinate di forma implicita.

Es. **Se avessi avuto un libro da leggere**, non mi sarei annoiata così tanto in treno.
Avendo avuto un libro da leggere, non mi sarei annoiata così tanto in treno.

a) **Se Dora avesse più coraggio**, andrebbe a lavorare all'estero.

....

b) Cesare guadagnerebbe di più, **se accettasse di fare i turni di notte.**

....

7. Riscrivi le frasi, cambia le subordinate di forma esplicita in subordinate di forma implicita.

Es. All'assemblea sindacale ho parlato così a lungo **che ho perso la voce**.
*All'assemblea sindacale ho parlato così a lungo **da perdere la voce**.*

a) Marco è talmente intelligente **che trova sempre soluzioni originali ai problemi**.

....

b) È stata tale la meraviglia per il paesaggio **che sono rimasta senza parole**.

....

c) Mio nonno è ormai tanto vecchio **che non può più uscire di casa da solo**.

....

d) Flavio si era talmente annoiato alla festa **che è andato via prima di mezzanotte**.

....

8. Riscrivi le frasi, cambia le subordinate di forma esplicita in subordinate di forma implicita.

Es. Benché ci sia un bellissimo sole, oggi fa molto freddo.
***Pur essendoci un bellissimo sole**, oggi fa molto freddo.*

a) **Anche se corriamo**, ormai non riusciremo a prendere il treno.

....

b) Donatella non è riuscita a vincere il concorso, **sebbene fosse preparata**.

....

c) **Nonostante avesse delle buone intenzioni**, Claudio ha dimostrato scarsa sensibilità.

....

9. Riscrivi le frasi, cambia le subordinate di forma esplicita in subordinate di forma implicita.

Es. Sono stato il primo **che ha sostenuto la candidatura di Piero a sindaco**.
*Sono stato il primo **a sostenere la candidatura di Piero a sindaco**.*

a) È lui **che dà sempre ragione a Tommaso**, non io!

....

b) Ci sarà almeno qualcuno **che darà una mano durante le feste**?

....

10. Riscrivi le frasi, cambia le subordinate di forma esplicita in subordinate di forma implicita.

Es. Non penso **che andrò ancora in vacanza con Laura e Paola.**
*Non penso **di andare ancora in vacanza con Laura e Paola**.*

a) Durante la premiazione, Adele era così commossa **che ha pianto**.

....

b) **Benché Lapo e Greta si amino profondamente**, litigano in continuazione.

....

c) Devi essere forte **perché tu possa vincere la malattia**.

....

d) **Quando accompagno mio figlio in piscina**, incontro sempre Antonio.

....

11. Riscrivi le frasi, cambia le subordinate di forma implicita in subordinate di forma esplicita.

Es. Pur mettendoci tutta la buona volontà, non riesco ad accontentarti.
Anche se ci metto tutta la buona volontà, non riesco ad accontentarti.

a) **Avendo perso le chiavi**, stanotte non sono potuto rientrare in casa.

....

b) Camilla sta zitta **per non essere coinvolta in una discussione spiacevole**.

....

c) Mi sono talmente divertita allo spettacolo **da non sentire più la stanchezza**.

....

d) **Avendo più esperienza**, Lia non avrebbe commesso un errore tanto banale.

....

RIFLETTI E INDICA SE È VERO O FALSO

A) In genere si può usare la forma implicita di una frase
   subordinata se questa ha lo stesso soggetto della frase
   reggente.   □ V   □ F

B) Le forme implicite hanno sempre un verbo di modo infinito.   □ V   □ F

C) Le forme implicite si usano soprattutto con le subordinate
   concessive.   □ V   □ F

D) Le forme esplicite possono avere un verbo di modo finito
   o infinito.   □ V   □ F

22 Uso dei tempi verbali nelle subordinate esplicite

1. Completa le frasi. Scrivi il verbo che ti diamo fra parentesi al tempo giusto del modo indicativo.

Es. È chiaro che in quel caso Luigi non **ha detto** (dire) la verità.

a) Siccome ieri Yacou non .... (studiare), oggi deve recuperare.

b) Purtroppo siamo arrivati alla stazione qualche secondo dopo che il treno .... (partire).

c) Nella vita nessuno ottiene dei risultati se non .... (impegnarsi).

d) Tua madre si arrabbierà molto quando .... (sapere) della tua bugia.

e) La passione per la pittura si rivelò in Leonardo prima delle altre, anche se poi .... (dimostrare) di essere un genio universale.

2. Completa liberamente le frasi subordinate.

Es. Ieri stavo viaggiando in macchina su una strada di campagna, quando all'improvviso **mi ha attraversato la strada un istrice**.

a) Mia sorella è una persona molto buona e generosa, anche se ....
....

b) Kennedy cambiò i vertici della Cia dopo che ....
....

c) Il mese scorso non abbiamo frequentato le lezioni all'università perché ......
....

d) I ragazzi telefoneranno appena ....
....

e) Norine sa bene che ....
....

RIFLETTI E COMPLETA CON LA PAROLA CHE MANCA

Quando una frase subordinata (o dipendente) ha il verbo al modo indicativo, il tempo è .... a quello che avrebbe se la stessa frase fosse indipendente.

84

3. Completa le frasi con la forma giusta del verbo. Scegli fra quelle che ti diamo fra parentesi.

Es. Pensavo che *piovesse* (piova / piovesse / pioveva).

a) Ti racconto questo perché tu .... (sappia / sai / sapessi) veramente come stanno le cose.

b) Cercheremo di fare di tutto perché i ragazzi .... (fossero / saranno / siano) contenti.

c) Decidemmo di partire, sebbene il tempo .... (fosse / sia / era) pessimo.

d) Non volevo che noi .... (ci lasciavamo / ci lasciassimo / ci siamo lasciati) così male.

e) È successo tutto senza che .... (avessimo / abbiamo / avevamo) il minimo sospetto.

4. Completa le frasi. Scrivi il verbo che ti diamo fra parentesi al tempo giusto del modo congiuntivo, per esprimere contemporaneità.

Es. Mi dispiace che tu *sia* (essere) sempre così triste.

a) Vi faccio un esempio affinché .... (potere) capire meglio.

b) Alessia dovette stare zitta, nonostante .... (avere) ragione.

c) Non capivo perché mio fratello .... (comportarsi) tanto male.

d) Domani andiamo a teatro purché .... (esserci) uno spettacolo interessante.

e) Abbiamo capito tutto, senza che nessuno ci .... (dire) niente.

5. Completa le frasi. Scrivi il verbo che ti diamo fra parentesi al tempo giusto del modo indicativo o congiuntivo, per esprimere contemporaneità.

Es. Dante, Petrarca e Boccaccio furono tanto famosi che *fecero* (fare) diventare famosa anche la loro lingua, il fiorentino.

a) Ti dico che così non .... (andare) bene.

b) Dubitiamo che Lucia .... (dire) sempre la verità.

c) Cercherò un lavoro appena .... (finire) l'università.

d) Oggi Emma non va in ufficio perché .... (dovere) fare dei controlli medici.

e) Cesare rappresentò se stesso come un uomo giusto, sebbene .... (avere) una grande sete di potere.

6. Completa le frasi con la forma giusta del verbo. Scegli fra quelle che ti diamo fra parentesi.

Es. Penso che Chiara **abbia fatto** (facesse / abbia fatto / ha fatto) bene a studiare medicina.

a) Non so chi .... (abbia avuto / ebbe / avesse) il coraggio di scrivere queste cose.

b) Abbiamo avuto paura che .... (succeda / era successa / fosse successa) una disgrazia.

c) Adele credeva che alla festa del suo compleanno voi non .... (vi divertite / vi siete divertiti / vi foste divertiti).

d) Credo che Pietro non .... (abbia avuto / ebbe avuto / aveva) un'infanzia tanto felice.

e) Tu hai continuato a lungo ad avere fiducia in Giulio, nonostante che lui ti .... (ha tradito / avesse tradito / aveva tradito) molte volte.

7. Completa le frasi. Scrivi il verbo che ti diamo fra parentesi al tempo giusto del modo congiuntivo, per esprimere anteriorità.

Es. Un tempo ero convinta che Elena **avesse fatto** un grosso errore.

a) Mario divenne un ottimo medico sebbene .... (essere) un pessimo studente.

b) Non capiremo mai perché Isacco .... (avere) quella reazione.

c) Mi chiedo quale .... (essere) la causa della crisi economica.

d) Non penserete davvero che Luisa .... (imparare) a sciare?

e) Non era possibile che nessuno .... (accorgersi) di niente!

8. Completa le frasi. Scrivi il verbo che ti diamo fra parentesi al tempo giusto del modo indicativo o congiuntivo, per esprimere anteriorità.

Es. Era così generoso che **aveva aiutato** (aiutare) molte persone in difficoltà.

a) A Valeria non piace che il suo compagno .... (andare) a lavorare all'estero.

b) Da bambino avevo paura dell'acqua perché una volta, in piscina .... (rischiare) di affogare.

c) A tutti sembrava impossibile che in pochi anni il costo della vita .... (diventare) così alto.

d) Ti pare giusto che .... (vincere) il concorso i più incompetenti?

9. Completa le frasi con la forma giusta del verbo. Scegli fra quelle che ti diamo fra parentesi.

Es. Suppongo che in futuro tu *voglia* (vuoi / volessi / voglia) comprarti una casa.

a) Non immaginavo che dopo così poco tempo Claudia e Filippo ....
.... (si saranno separati / si sarebbero separati / si erano separati).

b) Penso che non .... (sarà / sarebbe / fosse) facile ristrutturare la casa in poco tempo e con poca spesa.

c) Alfredo credeva che .... (guarirebbe / fosse guarito / sarebbe guarito) velocemente dalla sua malattia.

d) Speriamo che .... (venga / venisse / verrebbe) presto un po' di sole.

e) Tutti speravano che la crisi di governo .... (si risolverà / si sarebbe risolta / si era risolta) in pochi giorni.

10. Completa le frasi. Scrivi il verbo che ti diamo fra parentesi al tempo giusto, per esprimere posteriorità.

Es. Hitler pensò che *avrebbe vinto* (vincere) facilmente la guerra.

a) Mi chiedo se voi .... (volere) davvero trasferirvi a Bruxelles.

b) Giovanna si illudeva che Leo .... (smettere) di fumare.

c) Abbiamo paura che presto Emilio .... (stancarsi) anche del nuovo lavoro.

d) Maria immaginava che Silvia non .... (essere) d'accordo con lei.

e) Ero convinto che i tuoi amici .... (scusarsi) con te per la brutta figura.

11. Completa liberamente le frasi condizionali.

Es. L'estate prossima Carmen andrà al mare *se i suoi amici la inviteranno*.

a) Andrei a vivere in campagna se ....

b) Non avresti perso il treno se ....

c) Andiamo a fare la spesa al supermercato se ....
....

d) Lino avrebbe vinto il concorso se ....
....

e) Sonia potrebbe laurearsi il mese prossimo se ....
....

87

23 Il discorso diretto e il discorso indiretto

1. Riscrivi le frasi. Metti i segni di punteggiatura e le maiuscole necessarie per introdurre i discorsi diretti contenuti nelle frasi.

Es. È prevista ha detto il ministro una dura lotta all'evasione fiscale.
"È prevista – ha detto il ministro – una dura lotta all'evasione fiscale".

a) Mio padre mi disse hai pensato a tutte le conseguenze del tuo gesto.

....

b) Il controllore ha chiesto posso vedere il biglietto signori.

....

c) Ha mai guidato una squadra così importante hanno chiesto all'allenatore.

....

d) Il professore ha precisato lo studio non è un gioco e richiede impegno e fatica

....

e) Ti chiedo questo favore mi accompagni in macchina alla stazione.

....

2. Riscrivi le frasi. Cambia i discorsi indiretti in discorsi diretti.

Es. Carla dice che è contenta del nuovo lavoro.
Carla dice: "Sono contenta del nuovo lavoro."

a) Ogni mattina la mamma ripete a Giuseppe che si sveglia troppo tardi.

....

b) Paolo e Pietro mi avevano detto che ci saremmo visti in piscina.

....

c) Marta ha chiesto chi sarebbe andato con lei alla festa di Massimo.

....

d) Abbiamo chiesto al custode se la domenica il Museo sarebbe stato aperto.

....

e) Ho detto a Marco che dovrebbe pensare ai fatti suoi.

....

3. Osserva i discorsi diretti e poi completa quelli indiretti con le forme verbali e i possessivi giusti.

Es. Il mio compagno mi chiede sempre: "Dove hai messo i miei libri?"
Il mio compagno mi chiede sempre dove ho messo i suoi libri.

a) Mara mi ha detto: "I tuoi figli sono più educati dei miei."
Mara mi ha detto che i .... figli .... più educati dei ....

b) I vicini protestano sempre e dicono: "Il vostro cane abbaia tutta la notte!"
I vicini protestano sempre e dicono che il .... cane .... tutta la notte.

c) L'anno scorso i vicini gridavano sempre: "Non ne possiamo più del vostro cane."
L'anno scorso i vicini gridavano sempre che non ne .... più del .... cane.

d) Fati mi chiese: "Hai visto la mia borsa della spesa?
Fati mi chiese se .... la .... borsa della spesa.

e) I ragazzi hanno dichiarato: "No, lo zaino non è nostro e noi non c'entriamo niente con il furto del supermercato.
I ragazzi hanno dichiarato che lo zaino non .... e che loro non .... niente con il furto del supermercato.

4. Riscrivi le frasi. Cambia i discorsi diretti in discorsi indiretti.

Es. Il dottore mi disse: "Hai solo una banale influenza, stai a letto e prendi per tre giorni uno sciroppo per la tosse."
Il dottore mi disse che avevo solo una banale influenza, che dovevo stare a letto e dovevo prendere per tre giorni uno sciroppo per la tosse.

a) Il giornalista nel suo articolo si chiede: "Il Parlamento accetterà o non accetterà la proposta del governo sulla legge elettorale."

....

....

b) Luisa mi disse: "Io sono veramente stanca delle tue aggressioni e me ne andrò."

....

c) Mia nonna mi ripeteva sempre: "Studia, comportati bene e rispetta gli altri."

....

d) Il professore ci ha chiesto: "Quali sono i vostri progetti per il futuro?"

....

....

24 I legami del testo

1. Nel testo di questa favoletta ci sono delle parole che non rispettano le regole delle concordanze grammaticali. Sottolinea le parole sbagliate e riscrivile sotto in modo corretto.

L'asino musicista

Un asinello non era <u>contenta</u> della sua voce. Un giorno d'estate, mentre brucavano l'erba in un prato, rimase affascinato dal canto deliziosa delle cicale. – Che cosa mangiano, che vi permette di cantare così? – chiese a una di loro.

- La rugiada – rispose la cicala scherzando.

"Ecco quello che gli ci vuole!" pensò l'asino. Continuò allora a mangiare erba con grandi entusiasmo, per il resto dei loro giorni, soprattutto all'alba, quando il prato era coperta di rugiada. La sua voce non cambiò mai. Fortunatamente, però, la natura le aveva fornito un appetito straordinari e una salute di ferro.

contento; ....

....

....

2. In questo testo mancano quasi tutti i legami costituiti da preposizioni. Completa il testo con le preposizioni giuste.

Tutti in forma. 320 consigli per ogni età

"Il ritratto **(a)** .... salute", primo progetto italiano dedicato completamente **(b)** .... prevenzione **(c)** .... malattie tramite stili **(d)** .... vita sani, arriva in libreria con il libro pubblicato **(e)**................ Giunti "Tutti in forma. 320 consigli per ogni età. Esso insegna come rimanere sani e attivi, evitando malattie. Secondo il prof. Pecorelli, presidente **(f)** .... Healthy Foundation, coordinatore scientifico **(g)** .... tutto il progetto, "l'80% **(h)** .... patologie può essere prevenuto, basta seguire stili .... vita corretti".

È proprio partendo .... questa idea che il volume, primo **(i)** .... una collana **(l)** .... altri quattro libri, fornisce risposte **(m)** .... dubbi **(n)** .... benessere, attraverso 320 vero-falso.

Il progetto ha il bollino delle Società scientifiche e nasce **(o)** .... necessità **(p)** .... spostare risorse economiche e umane **(q)** .... cura delle patologie **(r)** .... prevenzione, educando i cittadini alla salvaguardia **(s)** .... propria salute.

3. Leggi le frasi e sottolinea l'elemento della frase a cui si riferisce il sostituente (pronome) evidenziato.

Es. Siamo andati dal **_professore_** e **gli** abbiamo chiesto l'orario delle lezioni.

a) Anna **lo** avrebbe voluto comprare il libro di Camilleri, ma era esaurito.

b) Mi hanno regalato un pezzo di pesce spada, ma non so come cucinar**lo**.

c) **Lo** comprate voi il pane per la cena?

d) Se **le** poti e **le** concimi molto, le rose fanno delle bellissime fioriture.

e) Sono nata a Siena, ma non **ci** vivo più da molti anni.

f) Questa torta è squisita: posso aver**ne** un altro pezzo?

4. Completa il discorso con un sostituente che faccia riferimento all'intera frase precedente o successiva.

Es. Giacomo non insegna più italiano, ma io non **lo** sapevo.

a) Io .... sospettavo già da un po' che Sandra e Fabio non stessero più insieme.

b) Kian-ja dice che verrà in Italia il mese prossimo, ma noi non .... crediamo.

c) Ma tu .... capisci che non si può andare avanti così?

d) – Verrà Vera alla festa di fine anno? – .... dubito.

e) Io non sono ottimista, però molta gente .... è.

5. Scrivi una frase complessa con ciascuno di questi gruppi di parole in cui c'è un sostituente. Coniuga i verbi al modo infinito e aggiungi gli elementi necessari.

Es. Incontrare / ieri / Federico / parlare / te / e / gli
       Ieri ho incontrato Federico e gli ho parlato di te.

a) piacere / molto / gelato / mi / mangiare / lo / e / spesso

....

b) marito / mio / sempre / andare / cinema / io / ma / mai / andare / ci

....

c) capire / Hamid / italiano / non / però / parlare / bene / lo

....

d) compleanno / domani / essere / Lucia / Carlo /e / le / regalare / rosse / rose

....

6. Completa le frasi con un legame sintattico di tempo appropriato. Scegli fra quelli che ti diamo fra parentesi.

Es. Adesso studio l'italiano con fatica, ***all'inizio*** (dopo / mentre / all'inizio) però mi piaceva.

a) Augusto si fece dare dal Senato il titolo di imperatore e .... (fino a che / successivamente / prima che) tutti i principali poteri civili, militari e religiosi.

b) Ho finito di lavorare alle nove e .... (a quel punto / mentre / all'inizio) ho deciso di rinunciare al cinema.

c) Ieri sera siamo andati a fare una girata in centro e .... (prima / dopo un po' / precedentemente) siamo tornati a casa.

d) Il lavoro è importante, ma .... (mentre / qualche tempo fa / prima di tutto) bisogna pensare alla salute.

e) Sergio e Amina sono stati tanto tempo insieme e .... (all'inizio / alla fine / intanto) si sono sposati.

f) Apparecchia la tavola .... (intanto che / prima che / alla fine) io preparo gli antipasti.

g) Ci siamo messi a pulire il giardino e ci siamo stancati, ... (intanto che / tempo fa / alla fine) però eravamo contenti.

7. Completa il testo con i legami di tempo appropriati. Scegli fra quelli che ti diamo qui sotto.

Mentre – il giorno dopo – prima che – poi – dopo un'ora – alla fine – il giorno prima – quando – prima di tutto – una settimana dopo

Ieri io e Matteo abbiamo deciso di fare una sorpresa a Giulia, dipingendo le pareti della sua stanza *mentre* lei non c'era. (a)........................... abbiamo spostato tutto quello che potevamo in mezzo alla stanza e abbiano preparato il secchio di pittura rossa che avevamo comprato (b)............................... al centro commerciale. (c)....................... abbiamo preso due grossi pennelli e ci siamo messi a dipingere. Matteo è salito sulla scala per dipingere le parti più alte, (d)........................... io mi sono occupato di quelle più basse.

A dire il vero pensavo che fosse più facile fare l'imbianchino. (e)....................... il lavoro è venuto bene, ma noi eravamo stanchi morti.

(f)........................ Giulia è tornata non avevamo ancora rimesso a posto la stanza e, invece che ringraziarci per averla dipinta, si è arrabbiata e ci ha detto che eravamo dei confusionari pasticcioni.

8. Completa le frasi con un legame sintattico appropriato. Scegli fra quelli che ti diamo fra parentesi.

Es. Nella scrittura egizia, per rappresentare un uomo che piange, disegnavano **ad esempio** (ad esempio / cioè / quindi) un occhio con le lacrime.

a) Non mi piace il tuo comportamento: sei poco democratico e .... (in seguito / in secondo luogo / infatti) non sei sincero neppure con gli amici.

b) Amelie è stata molto male il mese scorso, ma .... (per fortuna / purtroppo / prima) si è ripresa.

c) Io ho detto la mia opinione, ... (secondariamente / comunque / ad esempio) deciderà la maggioranza.

d) Per ora Emilio torna a vivere in casa dei genitori, ... (prima che / in secondo luogo / successivamente) deciderà di prendere un piccolo appartamento in affitto.

e) Valentina non è contenta del suo lavoro e .... (anzitutto / cioè / in effetti) ha ragione: è un lavoro faticoso e pagato male.

9. Completa il testo con i legami sintattici appropriati. Scegli fra quelli che ti diamo sotto.

Prima che – cioè – nonostante – infine – per queste ragioni – quando – perché – in realtà – invece – purtroppo – successivamente – dopo che – ad esempio

Il mito di Osiride

Gli antichi Egizi adoravano molti dei e ogni dio o dea aveva un mito, (a)..................... un racconto che spiegava le sue qualità o raccontava la sua storia. Il mito egizio più famoso è quello di Osiride, un dio importante (b)........................ era stato un grande re dell'Egitto e si diceva che avesse insegnato agli uomini a coltivare la terra.

Il mito racconta che Osiride fu ucciso da suo fratello Seth, che era geloso e voleva essere l'unico re sulla terra. (c)..................... Seth ebbe ucciso Osiride tagliò a pezzi il suo corpo e lo gettò nel Nilo, credendo di averlo fatto sparire per sempre. (d)..................... la sposa di Osiride, Iside riuscì con la forza dell'amore a ritrovare il corpo del marito, lo resuscitò e ne ebbe un figlio, Horus.

(e) .... Horus combatté e sconfisse il perfido zio Seth ed ebbe il diritto di governare l'Egitto.

(f)..............................., secondo gli Egizi, Osiride rappresentava la vittoria sulla morte, che si manifestava nel rinnovarsi della natura.

25 La formazione delle parole

1. Ogni suffisso ha un valore particolare che trasmette alla parola a cui viene aggiunto. Osserva i seguenti gruppi di parole e indica quale significato ha ciascun suffisso in essi. Segna con una X la risposta giusta.

a) francese – inglese - svedese
Il suffisso –*ese* in queste parole indica:
a1) ☐ che è originario di…   a2) ☐ un insieme di…

b) libreria – latteria – cartoleria
il suffisso –*eria* in queste parole indica:
b1) ☐ qualcosa che sa di…   b2) ☐ un negozio dove si vende…

c) caffettiera – teiera – zuppiera
Il suffisso –*iera* in queste parole indica:
c1) ☐ qualcosa capace di…   c2) ☐ un oggetto per contenere…

d) bestiame – fogliame – legname
Il suffisso –*ame* in queste parole indica:
d1) ☐ un insieme di…   d2) ☐ che è originario di…

2. Usa i suffissi della colonna centrale della tabella per formare delle parole derivate. Scrivi nella colonna di sinistra la parola primitiva con cui vuoi formare quella derivata; scrivi la parola derivata nella colonna di destra.

Parola primitiva	Suffisso	Parola derivata
Es. bello	-ezza	*bellezza*
a)	-iere	
b)	-ista	
c)	-eria	
d)	-iera	
e)	-ame	
f)	-ino	

3. Completa la tabella. Scrivi per ciascuna delle seguenti parole
(aggettivi) primitive un nome e un verbo derivati.

Parola primitiva	Nome derivato	Verbo derivato
Es. fermo	*fermezza*	*fermare*
a) chiaro		
b) ampio		
c) fisso		

4. Scrivi tre parole che conosci, formate con ciascuno dei suffissi che
ti diamo.

Suffisso	Parole formate con il suffisso
Es. -abile	*amabile; portabile; imitabile*
a) –ia	
b) -aio	
c) -eto	
d) -oso	
e) -ile	
f) -zione	

5. Aggiungi a ciascuno dei nomi di base un suffisso alterativo (*-ino;
-one; -etto; -accio*) e scrivi una frase con ciascuno dei nomi alterati
che hai ottenuto.

Es. ramo   **rametto**

   Io metto sempre qualche rametto di rosmarino nell'arrosto.

a) regalo   ....

....

b) gatto   ....

....

c) ragazzo   ....

....

d) libro   ....

....

e) mano   ....

....

6. Ogni prefisso ha un valore particolare, che trasmette alla parola a cui viene aggiunto. Osserva i seguenti gruppi di parole e indica quale significato ha ciascun prefisso in essi. Segna con una X la risposta giusta.

a) neonato – neoassunto – neolaureato

In queste parole il prefisso *neo-* significa:

    a1) ☐ nuovo, recente   a2) ☐ che è prima

b) rifare – ridire – riscrivere

In queste parole il prefisso *ri-* significa:

    b1) ☐ che è dopo   b2) ☐ che si ripete

c) superuomo – supereroe – supermercato

In queste parole il prefisso *super-* significa:

    c1) ☐ abbondante   c2) ☐ al massimo grado

d) semilibero – semicerchio – semifreddo

In queste parole il prefisso *semi-* significa:

    d1) ☐ a metà   d2) ☐ senza

7. Aggiungi a ciascuna parola un prefisso che esprime il senso contrario. Poi scrivi una frase con ciascuno dei contrari che hai ottenuto.

Es. continuo   *discontinuo*

    Ilary non ottiene buoni risultati nello studio perché si applica in modo discontinuo.

a) felice   ....

....

b) corretto   ....

....

c) accordo   ....

....

d) simile   ....

....

e) legare   ....

....

8. Nella tabella ci sono alcune parole composte. Completa la tabella con le parole che compongono ciascun composto e le loro categorie grammaticali.

Composto	Parole componenti	Categorie grammaticali
Es. agrodolce	*agro + dolce*	*aggettivo + aggettivo*
a) contachilometri		
b) lavastoviglie		
c) asciugamano		
d) cassaforte		
e) girasole		
f) capostazione		
g) tritacarne		
h) attaccapanni		

9. Collega con una freccia le parole delle due colonne, in modo da formare delle parole composte.

Es. **mezzo**	1. gente
a) capo	2. tempo
b) sempre	3. tappi
c) passa	4. giro
d) cava	5. piano
e) salva	6. **giorno**
f) alto	7. verde

10. Forma delle parole composte con quelle che ti diamo, come primo o come secondo elemento.

Es. schiaccia............ *schiaccia***noci**	g) tosta.............
a) spazza..............	h) passa..............
b) .... panni	i) .:............famiglia
c) taglia.............	l) ....ombrelli
d) ....baleno	m) ....notte
e) ....fango	n) batti.............
f) pesce.............	o) ....sopra

26 Il lessico

1. Ti presentiamo un insieme di parole. Dividi le parole in gruppi (campi semantici) di quattro parole ciascuno, secondo i legami di significato.

Cane – viola – vento – scuola – spiaggia – abbaiare – annaffiare – mordere – nebbia – studiare – foglia – giardino – potare – ramo – nuotare – profumo – erba – cuccia – estate – voto – prato – rosa – pioggia – tagliare – neve – tronco – quaderno – mare

Es. *rosa – viola – giardino – profumo*

a) ....

b) ....

c) ....

d) ....

e) ....

f) ....

2. Costruisci campi semantici, cioè parole collegate fra loro da elementi di significato comune. Scrivi almeno cinque parole collegate a ciascuna parola che ti diamo.

Es. *Lavoro: stipendio – collega – ferie – contratto - orario*

a) Famiglia: ....
....

b) Amico: ....
....

c) Medico: ....
....

d) Pallone: ....
....

e) Caldo: ....
....

f) Guanti: ....
....

3. Ti diamo alcune parole di significato generale (iperonimi), che comprendono altre parole (iponimi) di significato più specifico. Riconosci e segna con una X quale delle parole di significato specifico è un iponimo della parola data.

Es. pianta: ☐ verdura   ☒ abete   ☐ ramo

a) frutto   a1) ☐ melo   a2) ☐ seme   a3) ☐ mandorla

b) gioiello   b1) ☐ oro   b2) ☐ rubino   b3) ☐ bracciale

c) farmaco   c1) ☐ pressione   c2) ☐ termometro   c3) ☐ antidolorifico

d) abitazione   d1) ☐ tetto   d2) ☐ villetta   d3) ☐ ingresso

e) preposizione   e1) ☐ con   e2) ☐ né   e3) ☐ vai

f) mobile   f1) ☐ salotto   f2) ☐ pentola   f3) ☐ sedia

g) negozio   g1) ☐ ambulatorio g2) ☐ farmacia   g3) ☐ ufficio

h) pesce   h1) ☐ tonno   h2) ☐ rana   h3) ☐ biscia

4. Scrivi un iperonimo per ciascuna di queste coppie di parole, cioè una parola il cui significato comprenda tutte e due le parole della coppia.

Es. *aquila – rondine*   ***uccello***

a) melo – pero   ....

b) forchetta – cucchiaio   ....

c) arancia – fragola   ....

d) automobile – autobus   ....

e) insalata – zucchina   ....

f) muratore – imbianchino   ....

g) primavera – estate   ....

h) ferro – rame   ....

i) Terra – Marte   ....

5. Ciascuna di queste frasi comprende un iperonimo e un iponimo. Sottolinea gli iperonimi e cerchia gli iponimi.

Es. L'ortica è un'**erba** ricoperta di peli irritanti.

a) Mio fratello sa suonare il pianoforte e altri strumenti musicali.

b) Ugo fa il giornalista ed è contento della sua professione.

c) Le violette sono fiori molto profumati.

d) Maggio è il mese dell'anno che preferisco.

e) Ci sono indumenti, come i guanti, che oggi si usano molto di meno.

**6. Ti diamo alcune parole e, per ciascuna di esse, tre opzioni.
Riconosci fra le tre opzioni quale è un sinonimo della parola data, ha cioè significato simile. Segnala con una X.**

Es. trasformare: ☐ trasferire ☐ capovolgere ☒ cambiare

a) comprendere a1) ☐ ricordare a2) ☐ capire a3) ☐ insegnare

b) stupido b1) ☐ cretino b2) ☐ meravigliato b3) ☐ studioso

c) stanco c1) ☐ paziente c2) ☐ convalescente c3) ☐ affaticato

d) parecchio d1) ☐ spesso d2) ☐ tanto d3) ☐ importante

e) paura e1) ☐ euforia e2) ☐ spavento e3) ☐ tremore

f) profumato f1) ☐ naturale f2) ☐ gradevole f3) ☐ odoroso

g) allegria g1) ☐ contentezza g2) ☐ risata g3) ☐ ottimismo

h) precisione h1) ☐ altezza h2) ☐ larghezza h3) ☐ esattezza

i) studente i1) ☐ apprendente i2) ☐ docente i3) ☐ apprendista

7. Scrivi accanto a ciascuna parola un sinonimo. Scrivi poi una frase con ciascun sinonimo.

Es. grande *ampio*
  La mia casa è ampia e ariosa

a) separare ....

....

b) contentezza ....

....

c) vestito ....

....

d) dono ....

....

e) abbandonare ....

....

f) malinconico ....

....

g) vedere ....

....

h) cortese ....

....

8. Ti diamo alcune parole e, per ciascuna di esse, tre opzioni. Riconosci fra le tre opzioni quale è un antonimo della parola data, ha cioè significato contrario. Segnala con una X.

Es. superiore   ☐ sopra   ☒ inferiore   ☐ maggiore

a) avaro	a1) ☐ ricco	a2) ☐ povero	a3) ☐ generoso
b) amaro	b1) ☐ dolce	b2) ☐ buono	b3) ☐ gustoso
c) destra	c1) ☐ sinistra	c2) ☐ mano	c3) ☐ centro
d) allegria	d1) ☐ tripudio	d2) ☐ pianto	d3) ☐ tristezza
e) ottimismo	e1) ☐ positività	e2) ☐ pessimismo	e3) ☐ permissivismo
f) rompere	f1) ☐ toccare	f2) ☐ riparare	f3) ☐ manovrare
g) assente	g1) ☐ giustificato	g2) ☐ insistente	g3) ☐ presente
h) vietare	h1) ☐ impedire	h2) ☐ permettere	h3) ☐ circolare

9. Riscrivi il testo. Sostituisci le parole evidenziate con i loro contrari. Fai eventualmente i cambiamenti necessari.

Mi sorella si chiama Anika. Ha ventidue anni ed è la **minore**. È piuttosto (a) **magra**, mangia (b) **poco** e si muove (c) **tanto**. Ha i capelli e gli occhi (d) **scuri**. Si veste sempre con vestiti (e) **chiari**.

Anika è fidanzata con un ragazzo di nome Riccardo, che è un anno più (f) **giovane** di lei. Riccardo è (g) **bello**, ma (h) **antipatico**. Studia legge all'università. Ha una (i) **piccola** macchina rossa e un (l) **grosso** cane bianco.

Anika lavora in un negozio del (m) **centro**. In quel negozio vendono vestiti (n) **di lusso** e molto (o) **cari**. Il padrone del negozio è una persona (p) **gentile** e (q) **generosa**, se io o mia sorella vogliamo comprare un vestito ci fa (r) **sempre** degli sconti.

Mia sorella si chiama Anika. Ha ventidue anni ed è la maggiore ....

....

....

....

....

....

....

....

10. Completa le frasi con le unità lessicali complesse appropriate. Scegli fra quelle che ti diamo sotto. Se necessario, aggiungi gli articoli o le preposizioni.

Luna di miele – tempo pieno – colpo d'occhio – colpo di telefono – sala d'aspetto – pronto intervento – nozze d'argento – ferro da stiro – chiavi in mano

Es. Ho comprato una macchina nuova. Mi hanno fatto un forte sconto e l'ho pagata solo 11.000 Euro, *chiavi in mano*.

a) Mi pare che .... questo tavolo sia troppo grande per la nostra cucina.

b) L'anno prossimo i miei genitori festeggeranno ....

c) Fammi sapere se domenica vieni al mare con noi oppure no. Dammi ....
.... stasera, dopo le otto.

d) Dal prossimo mese Mohamed lavora .... in un ristorante.

e) Laura ha comprato .... molto economico, ma molto funzionale.

f) Prego, Signori Rossi, si accomodino ...., il professore viene subito.

g) Alima e John sono molto innamorati: sono ancora ....

h) Ieri abbiamo avuto dei problemi con la corrente elettrica e abbiamo dovuto chiamare il .... Enel.

11. Completa le frasi con un modo di dire appropriato. Scegli fra i due che ti diamo fra parentesi.

Es. Io ti ho detto questo in confidenza, ma mi raccomando: *acqua in bocca*!
(acqua alla gola / acqua in bocca).

a) Quando si impegna, Virginia fa tutti i compiti velocemente: ieri
.... (in quattro e quattr'otto / per dirne quattro) ha scritto una composizione di tre pagine.

b) È vero che Alessia è sempre nervosa, ma ha tanti problemi e tu dovresti capirla e provare a .... (metterti nei suoi panni / avere un diavolo per capello).

c) Quando si tratta di discutere di temi tanto delicati è sempre bene
.... (andare a Canossa / andare con i piedi di piombo).

12. Nelle frasi della tabella le parole evidenziate sono usate talvolta in senso proprio e talvolta in senso figurato (metaforico). Indica con una X se la parola ha senso proprio o senso figurato.

Frase	Senso proprio	Senso figurato
Es. C'è stato un temporale e un **fulmine** ha colpito il campanile.	☒	☐
a) Non posso rispondere al telefono: devo girare la **frittata**.	☐	☐
b) Molte **stelle** del cinema vivono a Hollywood.	☐	☐
c) Quando si arrabbia, Paola diventa una **vipera**.	☐	☐
d) Il nostro giardino è fresco e **ombroso**.	☐	☐
e) Nella notte del 10 agosto si vedono le **stelle** cadenti.	☐	☐
f) La città di Siena è un **gioiello** medioevale.	☐	☐
g) Ormai non ti credo più ed è inutile che tu cerchi di rivoltare la **frittata**.	☐	☐
h) Luca è una brava persona, ma è molto **ombroso**.	☐	☐

13. Scrivi una frase con ciascuno dei seguenti gruppi di parole. Usa la parole evidenziata in senso figurato. Coniuga i verbi e aggiungi gli elementi necessari.

Es. Giorgio / ragazzo / **gamba** / proprio / essere
Giorgio è proprio un ragazzo in gamba.

a) diventare / Corinne / destro / generale / direttore / **braccio**
....

b) esame / io / emozionato / essere / fare / e / **fiasco**
....

c) festa / dopo / esserci / rifiuti / **montagna**
....

d) agosto / mese / fortissima / caldo / venire / **ondata**
....

e) venire / non / cinema / Matilde / avere / perché / arretrato / lavoro / **mare**
....

27 L'ortografia

1. Completa le frasi con *la* o *là*, *li* o *lì*.

Es. Lara lavora in un ufficio vicino al mio: ***la*** incontro sempre al bar.

a) Se vuoi trovare le castagne, devi guardare .... sotto gli alberi.

b) Hai visto .... mia giacca nera?

c) Quei funghi non sono buoni: non .... prendere!

d) Stai attenta .... c'è il ghiaccio e potresti cadere.

e) Non dimenticate le chiavi, sono .... sul tavolo dell'ingresso.

f) Nel nostro corso ci sono due nuovi studenti, ma io non .... ho ancora visti.

2. Completa le frasi con *da* o *dà*, *ne* o *né*.

Es. Non parlo più perché nessuno mi ***dà*** ascolto.

a) .... Bernardo non mi aspettavo tanta gentilezza.

b) Quest'anno la pioggia non .... tregua.

c) Io sono astemia: non bevo vino .... altri alcolici.

d) C'è ancora della pasta. Chi .... vuole?

e) Venite domani sera a cena .... me?

3. In queste frasi non sono indicati gli accenti. Riscrivi le frasi e aggiungi gli accenti dove è necessario.

Es. Presto mia figlia avra una figlia e sara mamma. Io saro nonna e saro felice
   *Presto mia figlia **avrà** una figlia e **sarà** mamma. Io **sarò** nonna e **sarò** felice.*

a) Domani e festa perche e il primo maggio. E anche il mio compleanno e quello di Zoe, la mia sorella gemella. Cosi, a casa mia, il primo maggio e festa tre volte.

....

....

....

b) All'origine la Terra era solo una sfera enorme di gas e polvere incandescente. Poi la superficie si raffreddo e divento solida. Si formo cosi la crosta terrestre.

....

....

4. Scrivi davanti a ogni parola l'articolo o il dimostrativo indicato nella tabella. Fai l'elisione e metti l'apostrofo quando è necessario.

	Articolo determinativo	Articolo indeterminativo	Dimostrativo "questo„
Es. orologio	*l'*orologio	*un* orologio	*quest'*orologio
a) amica			
b) ape			
c) elefante			
d) uomo			
e) aquila			
f) inizio			

5. Completa le frasi con *se, sé o s'è; te, tè o t'è*.
Es. Perché hai cambiato idea all'improvviso? Non so proprio cosa *t'è* preso!

a) .... si fosse difeso da ...., sarebbe stato meglio.

b) Come dice il proverbio, chi fa da .... fa per tre.

c) Finalmente Lisa .... decisa a mettersi a studiare.

d) Oggi Matteo verrà in ufficio, ma .... ne andrà presto.

e) Stamani la mia macchina non .... messa in moto.

f) Come .... sembrato lo spettacolo del circo?

g) .... uno pensa solo a .... stesso, alla fine rimane solo.

h) A .... piace il .... con il latte?

6. Completa le frasi con *te lo, te la, te l'ho, te l'ha, glielo, gliela, gliel'ho, gliel'ha*.
Es. *Te l'ho* detto tante volte che devi stare più attento.

a) Mi dispiace, ma la bicicletta non .... posso prestare.

b) Io la foto dei bambini .... mandata. Mi dispiace se non l'hai ricevuta.

c) Mary .... fatta vedere la sua nuova casa di campagna?

d) Il regalo a Leo quando .... compriamo?

e) Devo dire a Lucia che il libro .... restituisco domani.

f) Chi .... detto a Marco di comprare il pane?

7. Completa le frasi con *o, ho, a, ha, ai, hai, anno, hanno*.

Es. Chi *ha* una penna da prestarmi?

a) Quando vai .... fare la spesa, compra il gelato di fragola .... di limone.

b) Io non .... mai detto .... nessuno delle cose tanto spiacevoli.

c) Se .... finito di studiare, potresti venire .... sciare con me.

d) È passato un .... da quando Silvia e Andrea .... deciso di lasciare il lavoro.

e) Qualcuno .... detto .... ragazzi che domani non c'è lezione?

f) Philip è uno che .... avuto molta fortuna nella vita.

8. Completa le parole delle seguenti frasi con *schio, schia, sco, sca, sce, scie, scio, scia o sciu*. Ricorda che ci sono suoni che non hanno perfetta corrispondenza con la grafia e che possono creare difficoltà ortografiche.

Es. Lo *sco*iattolo mangia le noci, le nocciole e le ghiande.

a) Molte sperimentazioni non hanno nessun valore ....*ntifico*.

b) Nella società romana alcuni ....*vi* svolgevano attività importanti.

c) Perché continui a dire tante ....*cchezze*?

d) I fiori di campo sono molto belli, ma si ....*pano* subito.

e) Domani sarà un problema andare al lavoro perché c'è lo ....*pero* degli autobus.

f) Luana si è ....*rita* i capelli. È molto carina!

9. Completa le parole delle seguenti espressioni con *cie / ce* o *gie / ge*. Ricorda che la grafia delle coppie *cie / ce* o *gie / ge* possono creare difficoltà ortografiche in quanto si pronunciano allo stesso modo.

Es. Un ottimo *ge*lato al pistacchio.

a) Una *spe*........ di animali in via di estinzione.

b) Una *superfi*........ molto ruvida.

c) Una scarsa *i*........*ne* personale.

d) Un *porta*........*nere* pieno di mozziconi di sigarette.

e) Un vicolo ....*co*.

f) Un mucchio di *bu*........ .

10. Completa le parole delle seguenti frasi con *cu, ccu, qu* o *cqu*. Ricorda che le parole che si scrivono con *cu* o *qu* presentano delle difficoltà in quanto i suoni *cu* e *qu* sono uguali. Il raddoppiamento del suono *qu*, inoltre, si indica nella grafia con *cqu*.

Es. Il detersivo *liquido* è migliore di quello in polvere.

a) Dicono che il ....*adrifoglio* porti fortuna.

b) Domenica scorsa siamo stati a vedere il bellissimo a........*ario* di Genova.

c) Massimiliano è molto generoso: ha un ....*ore* d'oro.

d) La nostra s........*ola* ha a........*istato* una lavagna multimediale.

e) Quando ris........*oterai* il tuo primo stipendio?

f) Bisogna pensarci bene prima di a........*sare* qualcuno ingiustamente.

11. Ci sono parole che si diversificano solo per avere una consonante semplice o doppia. Completa le frasi seguenti con la parola appropriata. Scegli fra le due che ti diamo fra parentesi.

Es. Entro domani mi serve una *copia* (copia / coppia) di questi documenti.

a) Antonella e Ronny fanno ormai .... (copia / coppia) fissa.

b) Per arrivare al primo rifugio, il .... (camino / cammino) da fare è ancora molto, e molto faticoso.

c) Martina ha i .... (capelli / cappelli) neri e ricci.

d) È bello leggere e rilassarsi davanti al .... (camino / cammino) acceso.

e) La nostra insegnante porta sempre dei buffi .... (capelli / cappelli).

12. Completa le frasi con la parola giusta. Scegli fra le due che ti diamo fra parentesi.

Es. La *conoscenza* (conoscenza / conoscienza) della Storia è importante.

a) All'esame di analisi matematica ho avuto un voto .... (sufficiente / sufficente).

b) Il padre di Luisa è .... (ingeniere / ingegnere)

c) A Suad piace molto .... (disegniare / disegnare) con il carboncino.

d) L'...................... (unione / ugnione) fa la forza.

e) Francesco ha fatto proprio una buona .... (azzione / azione).

TEST DI VERIFICA FINALE

COMPETENZE LINGUISTICHE DI LIVELLO B1

Avvertenze

Per l'esecuzione delle prove chiuse, puoi controllare le tue risposte con le soluzioni date a pagina 127. Le prove aperte ti serviranno comunque per conoscere i compiti che dovrai affrontare e misurarti con le loro difficoltà.

PROVA DI LETTURA

Leggi il testo e dopo rispondi alle domande della pagina seguente.
Scegli la risposta giusta fra quelle che ti diamo. Segnala con una X.

Genitori per il clima

Nel 2014, i cambiamenti climatici fanno paura, anche ai bambini, e dobbiamo aiutare i nostri figli ad affrontare questa realtà. Come? Ci sono alcune cose da spiegare ai ragazzi e altre da fare, come cittadini e come genitori.
La prima cosa che possiamo spiegare è che ci sono molte persone al mondo che stanno facendo tutto il possibile per preservare la nostra sicurezza. Il cambiamento climatico viene combattuto in molti modi differenti: studiando e facendo ricerche, scrivendone o parlandone, lottando perché i governi facciano buone leggi per rispettare l'ambiente e protestando contro la realizzazione di opere che non lo rispettano affatto.

Spieghiamo poi che l'uomo possiede già tutto il sapere e le tecnologie necessarie per sostituire le attuali fonti di energia sporca e ad alta produzione di anidride carbonica con alternative rispettose dell'ambiente. Un esempio: nel mondo le persone stanno adottando l'energia solare più rapidamente di quanto non abbiano adottato i cellulari. Questo è un piccolo miracolo e una ragione importante per convincersi che gli esseri umani possono fermare il cambiamento climatico se lo vogliono e si impegnano.

Occorre però fare più pressione e accelerare l'azione. Questo è il motivo per il quale alcune giovani coppie con figli hanno fondato il gruppo "Genitori per il clima". L'obiettivo del gruppo è quello di fare in modo che in tutto il mondo i genitori diventino consapevoli dei pericoli che il cambiamento climatico rappresenta per i loro figli e si impegnino.

Molti genitori ignorano il problema e vanno avanti illudendosi che il problema si risolva da solo.

I Genitori per il clima vogliono scuotere questo atteggiamento facendo fare ai genitori un primo passo, cioè cominciare a parlare di cambiamento climatico, tra genitori, con altri genitori e con i nonni, con i maestri e con tutte le persone che fanno parte dell'ambiente in cui crescono i loro figli.

Sono convinto che una volta che i genitori cominceranno a parlare dei problemi del cambiamento climatico, molti sentiranno l'urgenza di agire. La possibilità che i loro figli ereditino un pianeta vivibile diminuisce di giorno in giorno e restare passivi equivale ad accettarlo.

1. Questo testo:

A) ☐ descrive i cambiamenti climatici e i disastri che hanno provocato nel 2014.

B) ☐ spiega quali sono le cause che stanno portando ai cambiamenti climatici.

C) ☐ propone un corso di formazione sui cambiamenti climatici per i ragazzi.

D) ☐ parla di come aiutare i ragazzi ad affrontare il problema dei cambiamenti climatici.

2. Qual è la prima cosa da spiegare ai ragazzi?

A) ☐ Che i cambiamenti climatici vengono combattuti, anche se solo dagli scienziati.

B) ☐ Che ci sono molte persone che, in modi diversi, si occupano di proteggere l'ambiente.

C) ☐ Che per salvare l'ambiente basta opporsi alla realizzazione di opere che lo danneggiano.

D) ☐ Che nessun governo, di destra o di sinistra, si occupa dei cambiamenti climatici.

3. Qual è la ragione che ci fa pensare che l'uomo voglia impegnarsi per fermare i cambiamenti climatici?

A) ☐ I pozzi di petrolio si stanno pian piano esaurendo.

B) ☐ L'energia prodotta con il carbone è antieconomica.

C) ☐ Si pianta un albero per ogni bambino che nasce.

D) ☐ Le energie pulite si stanno diffondendo rapidamente.

4. Qual è lo scopo fondamentale del gruppo "Genitori per il clima"?

A)☐ Fare in modo che più persone possibili scelgano di utilizzare l'energia solare

B)☐ Portare i genitori a fare manifestazioni di sostegno dei partiti ambientalisti

C)☐ Sensibilizzare i genitori di tutto il mondo dei pericoli futuri dei cambiamenti climatici.

D)☐ Convincere i genitori a iscriversi al gruppo e a dare un contributo economico.

5. Che cosa vogliono fare prima di tutto i "Genitori per il clima" con gli altri genitori?

A)☐ Convincerli a chiedere ai maestri di fare delle lezioni sui cambiamenti climatici.

B)☐ Organizzare per loro delle conferenze di scienziati sui cambiamenti climatici.

C)☐ Fare in modo che parlino di cambiamenti climatici, a casa, a scuola e in altre occasioni.

D)☐ Guidarli nella lettura di libri e articoli che illustrano i pericoli dei cambiamenti climatici.

6. Perché i genitori, se prenderanno coscienza del problema, si daranno subito da fare?

A)☐ Perché non possono accettare di lasciare ai figli un ambiente invivibile.

B)☐ Perché ormai l'educazione ambientale è richiesta anche dalla scuola.

C)☐ Perché avranno molta paura delle catastrofi dei cambiamenti climatici.

D)☐ Perché vorranno evitare di pagare per gli alti costi dei disastri ambientali.

7. Se tu dovessi dare un altro titolo al testo, quale sceglieresti?

A)☐ Le paure dei ragazzi di oggi.

B)☐ Genitori ignoranti, distratti e illusi.

C)☐ Salviamo il pianeta per i nostri figli!

D)☐ Lo sfruttamento dell'energia solare.

PROVA DI COMPETENZA LINGUISTICA

1. Completa il testo della seguente lettera con le forme giuste dei verbi.

Caro Uwe,

scusa (scusare) se non **(a)** .... (scriverti) prima, ma da quando **(b)** .... (tornare) in Ungheria non **(c)** .... (avere) un momento di tranquillità. Come **(d)** .... (sapere), dall'inizio di ottobre **(e)** .... (cominciare) i corsi all'università e io **(f)** .... (dovere) fare velocemente l'iscrizione, pagare le tasse, organizzare le mie giornate. Le lezioni **(g)** .... (essere) interessanti e **(h)** .... (conoscere) molti ragazzi simpatici, ma non **(i)** .... (credere) che la vita da studentessa universitaria **(l)** .... (essere) così faticosa.

Penso sempre con molta nostalgia all'Italia, a Perugia, alle nostre lezioni di italiano e a te in particolare.

Ti **(m)** .... (ricordare) come si arrabbiava il professore quando noi **(n)** .... (ridere)? **(o)** .... (essere) così buffo! E noi **(p)** .... (ridere) ancora di più.

Con l'italiano come **(q)** .... (andare)? **(r)** .... (fare) qualche esercizio? A me **(s)** .... (dispiacere) molto perdere la competenza acquisita e per questo **(t)** .... (leggere) ogni sera qualche pagina di un libro italiano.

(u)........................... (scrivere) presto!

Tanti cari saluti e un abbraccio da
Judith

2. Completa il testo con le preposizioni giuste.

A Mae-Sot, piccola città *fra* Birmania e Thailandia, dove si è rifugiata una comunità **(a)**........ sfollati birmani, è stata costruita una scuola mobile, facilmente realizzabile, facilmente smontabile.

La scuola è **(b)**............ un anno **(c)** .... disposizione **(d)** .... mille bambini. Le pareti interne ed esterne sono realizzate **(e)** .... bambù, anche per consentire **(f)** .... luce **(g)** .... filtrare **(h)** .... ambienti. La struttura è semplicissima ed ha un telaio **(i)** .... acciaio prefabbricato. **(l)** .... le fondazioni si utilizzano copertoni riempiti **(m)** .... ghiaia.

3. Fra gli aggettivi associati a ciascuno dei cinque nomi ci sono due sinonimi (parole che hanno lo stesso significato). Trova i due sinonimi e sottolineali.

a) **Casa**: buia, lussuosa, costosa, ampia, centrale, nuova, spaziosa.

b) **Libro**: interessante, noioso, lungo, avvincente, originale, istruttivo, emozionante.

c) **Città**: rumorosa, artistica, inquinata, chiassosa, moderna, tranquilla, inquinata.

d) **Lavoro**: comune, interessante, faticoso, facile, noioso, prestigioso, pesante.

e) **Donna**: intelligente, stupenda, carina, simpatica, affascinante, bellissima, elegante.

PROVA DI PRODUZIONE SCRITTA

Prova n. 1

Racconta in un breve testo come ti piace passare il tuo tempo libero.
Devi scrivere da 150 a 180 parole.

Prova n. 2

Sei abbonato da alcuni anni a una rivista settimanale di politica e cultura, che ti arriva per posta. Negli ultimi mesi tuttavia non ricevi più regolarmente la tua rivista.
Scrivi una lettera al Direttore per informarlo del fatto, protestare e chiedergli di intervenire per risolvere il problema. Comunica i tuoi dati personali e quelli relativi al tuo abbonamento.
Devi scrivere da 120 a 150 parole.

PROVA DI PRODUZIONE ORALE

Prova n. 1

La prova consiste nel sostenere una conversazione su questo tema:
- Cibo e cultura. Conosci la dieta mediterranea? In che cosa consiste? Quali sono gli effetti benefici?

Prova n. 2

La prova consiste in un'esposizione, liberamente organizzata su questo tema:
- L'amicizia. Diversità di amicizie fra uomini, fra donne e fra donne e uomini.

COMPETENZE LINGUISTICHE DI LIVELLO B2

Avvertenze

Per l'esecuzione delle prove chiuse, puoi controllare le tue risposte con le soluzioni date a pagina 127. Le prove aperte ti serviranno comunque per conoscere i compiti che dovrai affrontare e misurarti con le loro difficoltà.

PROVA DI LETTURA n. 1

Leggi il testo e dopo rispondi alle domande della pagina seguente.
Scegli la risposta giusta fra quelle che ti diamo e segnala con una X.

Giovani inattivi

Secondo i dati dell'Istituto di statistica, in Italia sono più di due milioni e duecentomila i giovani fra i 15 e i 29 anni che non studiano, non lavorano e non svolgono nessun'altra attività di apprendistato, tirocinio o formazione al lavoro. La cifra degli inattivi è in Italia la più alta d'Europa ed è pari al 23% della forza lavoro: non si tratta solo di giovani che non hanno finito la scuola dell'obbligo o si sono fermati a questa, ma anche di diplomati e di laureati, e le ragazze sono in numero maggiore dei coetanei maschi. Solo il 34% di questi giovani (circa 750.000) cerca un lavoro e c'è quindi un milione e mezzo di giovani che non fa nulla e non cerca nessun lavoro.

Questi dati mostrano un fenomeno molto grave in quanto riguarda coloro che rappresentano il futuro della società e che si trovano in una fase della vita che dovrebbe essere particolarmente dinamica. La società italiana tuttavia ancora non pare che abbia preso davvero coscienza della serietà della situazione di questi giovani, sia riguardo al presente che al futuro. Il fenomeno è stato considerato soprattutto in relazione alle politiche del lavoro e alle vicende economiche, mentre è stata molto scarsa l'analisi delle problematiche personali che sono coinvolte in questa scelta di inattività.

Questi giovani sono stati definiti "mammoni", "bamboccioni" o "fannulloni" e queste definizioni rischiano di dare al dibattito dei toni moralistici, invece di considerare con la dovuta attenzione le loro problematiche psicologiche. E quelle di coloro che preferiscono restare del tutto inattivi piuttosto che mettersi in gioco nel mondo del lavoro e della formazione, sono problematiche serie e preoccupanti e li portano a rinunciare sia alla ricerca del lavoro, sia a una formazione più specifica.

Gli inattivi totali provengono soprattutto da contesti culturali ed educativi nei quali consumismo e permissività hanno fatto crescere in modo esagerato i desideri e la ricerca della loro immediata realizzazione, senza considerare le strategie e le competenze che consentono di raggiungere gli obiettivi desiderati. Non si è così sviluppata la capacità di progettare il percorso più utile per raggiungere uno scopo, tenendo conto delle proprie aspirazioni e anche della proprie abilità. Allo stesso tempo non è maturata la capacità di non lasciarsi scoraggiare dai fallimenti, ma di imparare da essi, per cambiare e intraprendere nuove strade.

Nascono così vari atteggiamenti, legati fra loro: questi giovani non progettano, ma aspettano che qualcosa accada, senza alcuna fiducia in sé e nelle proprie capacità oppure valutano in modo irrealistico sia se stessi che la realtà circostante e coltivano ambizioni eccessive e irraggiungibili.
Tutti questi elementi finiscono per imprigionare i giovani in un circolo vizioso di passività, fallimento e sfiducia che non fa che peggiorare nel tempo.

1. I giovani italiani inattivi

A) ☐ hanno tutti un livello molto basso di istruzione.

B) ☐ sono in maggioranza maschi.

C) ☐ hanno tutti più di 18 anni.

D) ☐ sono più numerosi di quelli degli altri paesi europei.

2. Il numero dei giovani che non fanno niente e non cercano di fare niente:

A) ☐ è di 2.200.000

B) ☐ è di 750.000

C) ☐ è di 1.500.000

D) ☐ il testo non lo dice

3. Da quale punto di vista non è stato considerato il fenomeno dei giovani inattivi?

A) ☐ Quello del futuro di questi giovani.

B) ☐ Quello degli aspetti psicologici.

C) ☐ Quello delle famiglie di questi giovani.

D) ☐ Quello delle politiche sociali ed economiche.

4. Secondo l'autore del testo chi sceglie di rimanere del tutto inattivo:

A) ☐ è un mammone, felice di stare in famiglia a farsi viziare.

B) ☐ è un fannullone, che ama stare in ozio da mattina a sera.

C) ☐ è un immorale e un peso per i genitori e per tutta la società.

D) ☐ ha problemi psicologici di cui ci si dovrebbe preoccupare.

5. I giovani che non fanno niente e non cercano di fare niente:

A) ☐ provengono soprattutto da famiglie ricche.

B) ☐ hanno avuto un'educazione permissiva e consumistica.

C) ☐ provengono soprattutto da famiglie povere.

D) ☐ hanno avuto un'educazione rigida e culturalmente povera.

6. In questi giovani:

A) ☐ non c'è il rispetto per i propri genitori.

B) ☐ non c'è la maturità necessaria a vivere da soli.

C) ☐ non c'è la capacità di fare progetti realistici.

D) ☐ non c'è il senso dell'orientamento.

7. Cosa accade alla fine a questi giovani?

A) ☐ Non riescono più a liberarsi dai loro sentimenti negativi.

B) ☐ Diventano ambiziosi e lottano per arrivare molto in alto.

C) ☐ Non hanno fiducia in sé e si appoggiano a qualcuno.

D) ☐ Alla fine capiscono che devono svegliarsi e darsi da fare.

PROVA DI LETTURA n. 2

Leggi il testo e dopo leggi le informazioni sintetiche che ti diamo sotto.
Scegli quelle contenute nel testo che hai letto e segnale con una X.

San Francesco

Francesco nasce ad Assisi (Perugia) nel 1182, è figlio di un ricco mercante e
passa l'adolescenza fra feste e giochi. Dopo una malattia ha una crisi spiritua-
le, pensa che la sua vita sia priva di valori e decide di cambiare. Abbandona
la sua bella casa, le ricchezze, perfino gli abiti, e con pochi compagni va per
città e campagne a predicare l'amore verso tutte le cose, la gioia, la semplicità.
Francesco non fa le sue prediche in latino, ma in volgare, cioè nella lingua che
ormai tutto il popolo parla. In queste prediche non condanna il clero né gli
eretici, ma insegna alla gente che in tutti e in tutto c'è l'amore di Dio: nei santi
come negli assassini, nell'agnello come nel lupo, nella vita come nella morte.
A Roma il Papa approva la semplice Regola di Francesco: "Andate e predica-
te... non tenete oro né argento...". Nasce così l'Ordine dei frati francescani.
Prima di morire (1226) Francesco compone il famoso "Cantico delle creature"
che è uno dei primi documenti letterari in lingua italiana ed è anche una testi-
monianza del nuovo sentimento religioso del Santo. La Chiesa, a soli due anni
dalla morte, proclama Francesco Santo e vengono subito iniziati i lavori per
la costruzione della Basilica di Assisi. È la prima di una serie di chiese france-
scane che, nel corso del secolo, saranno costruite in quasi tutte le città italiane.

A) ☐ Francesco nasce ad Assisi in una famiglia ricca.

B) ☐ Durante l'adolescenza si diverte, gioca e partecipa alle feste.

C) ☐ In una festa, litiga con un compagno e lo ferisce gravemente.

D) ☐ A un certo punto decide di abbandonare tutto ciò che aveva e di vivere in
povertà.

E) ☐ Si ritira per alcuni mesi a pregare in solitudine nella montagna della Verna.

F) ☐ Pensa che la Chiesa di Roma sia troppo ricca.

G) ☐ Fa le sue prediche nella lingua del popolo e parla di Dio e dell'amore degli
uomini verso tutte le cose, anche quelle più semplici.

H) ☐ Chiama sorelle la luna e l'acqua, e chiama fratelli il sole e il fuoco.

I) ☐ I frati francescani devono seguire la Regola della povertà.

L) ☐ Francesco diventa Santo nel 1228.

M) ☐ La Basilica di Assisi è la prima chiesa francescana.

N) ☐ Nella Basilica di Assisi ci sono dei bellissimi affreschi di Giotto.

PROVA DI COMPETENZA LINGUISTICA

1. Completa il testo con i pronomi giusti.

C'era in un bosco un boscaiolo *che* si chiamava Pino. Pino tagliava un albero al giorno e (a) .... portava al paese per vender(b) .... In un bosco vicino, c'era il boscaiolo Dino, (c) .... ogni giorno tagliava un albero grande e (d) .... piantava uno piccolo.
Quando Pino incontrava Dino (e) .... diceva:
- Perché non fai come (f) .... e pianti anche (g) .... un albero piccolo quando (h) .... abbatti uno grande? Così il bosco non morirà.
Ma Dino non (i) .... ascoltava e continuava a tagliare alberi. Dino aveva una moglie di nome Mena, (l) .... amava molto gli animali. Allora Pino andò da Mena e (m) .... disse:
- Se tuo marito taglia gli alberi e non (n) .... fa crescere altri, gli animali resteranno senza casa e gli uccelli non (o) .... faranno più compagnia con il loro canto.
Mena parlò con il marito, pianse e (p) .... convinse a lavorare con Pino.
Da allora i due boscaioli tagliavano un albero e (q) .... piantavano due nuovi e così il bosco rimase sempre grande, folto e pieno di animali.

2. Rifletti e scegli la risposta giusta.

a) Quale parola indica il contrario di grazioso?
☐ cattivo   ☐ malfatto   ☐ sgraziato   ☐ disgraziato

b) La figlia del fratello di mia madre è mia:
☐ nipote   ☐ cugina   ☐ zia   ☐ sorella

c) Una quantità che diventa più grande si dice che:
☐ aumenta   ☐ ingrassa   ☐ prospera   ☐ gonfia

d) Una cosa che è adeguata, adatta a qualcuno o a qualcosa, si dice:
☐ bella   ☐ economica   ☐ superflua   ☐ appropriata

e) Se trovo una specie di pianta che nessuno ha mai visto io faccio:
☐ un'invenzione   ☐ una creazione   ☐ una novità   ☐ una scoperta

f) Che cosa ci fa capire meglio che cos'è una tazza?
☐ Qualcosa fatto per contenere il caffè   ☐ Un oggetto fragile
☐ Un piccolo recipiente per bere   ☐ Un oggetto che ha un manico

g) Quando fra due parti si raggiunge un accordo in cui tutte e due le parti hanno ceduto su qualcosa, si dice che si è fatto:
☐ un trattato   ☐ una convenzione   ☐ un compromesso   ☐ un armistizio

PROVA DI PRODUZIONE SCRITTA

Prova n.1

Descrivi il luogo dei tuoi sogni, quello in cui, secondo te, sarebbe più bello vivere e spiega perché.
Devi scrivere da 180 a 220 parole.

Prova n. 2

Vorresti partecipare a un corso estivo di giornalismo, a numero chiuso, organizzato dall'Università di Venezia. Scrivi al direttore del corso la tua richiesta di ammissione: indica i tuoi dati e il tuo curriculum; metti in evidenza i titoli, le esperienze e le caratteristiche personali che possono favorire la tua ammissione.
Devi scrivere da 150 a 180 parole.

PROVA DI PRODUZIONE ORALE

Prova n. 1

La prova consiste nel sostenere una conversazione su questo tema:
- I rapporti con i colleghi in un posto di lavoro. Quali fattori possono influire positivamente e quali negativamente? Come cambiano i rapporti fra colleghi dello stesso genere o di genere diverso.

Prova n. 2

La prova consiste in un'esposizione, liberamente organizzata su questo tema:
- Un personaggio celebre (scrittore, pittore, scultore, musicista…), del passato o del presente, che ha la tua massima ammirazione.

CHIAVI DEGLI ESERCIZI

Cap. 1 – La frase

Esercizio 1: b), e), f) • Rifletti e rispondi: A)

Esercizio 2: b), f), h) • Rifletti e rispondi: B)

Esercizio 3: a) A pranzo mangio una pizza al pomodoro. b) Abbiamo preparato una bella torta di mele. c) Cinque anni fa Francisco è arrivato in Italia per lavorare come cuoco. d) Molti siti di internet sono pieni di errori. e) Yong si è iscritto al corso di laurea in architettura dell'università di Padova. f) Un temporale molto violento ha abbattuto un albero del viale.

Esercizio 4: a) La sorella di Said ha cinque anni. b) Per cena abbiamo ordinato due pizze vegetariane. c) In Italia tutte le scuole sono chiuse durante l'estate. d) Carla ha comprato una giacca blu e un bel maglione rosso. e) Ogni giorno Frank smette di lavorare alle cinque del pomeriggio. f) Ieri sera Céline e Sofia sono andate a cena da Mohamed.

Esercizio 5: b), c), f), h) • Rifletti e rispondi: C)

Esercizio 6: c), d), f) • Rifletti e rispondi: B)

Esercizio 7: a) Quest'anno Laura non va in vacanza d'agosto. b) I ragazzi non hanno imparato il francese a scuola. c) Non mi piace mangiare al ristorante. d) Nel mese di giugno non è piovuto molto.

Esercizio 8: a) ⌐.¬ - b) ⌐?¬ - c) ⌐?¬ - d) ⌐.¬ - e) ⌐?¬ - f) ⌐.¬ - g) ⌐?¬ - h) ⌐?¬

Esercizio 9: a) ⌐!¬ - b) ⌐!¬ - c) ⌐.¬ - d) ⌐.¬ - e) ⌐!¬ - f) ⌐!¬ - g) ⌐.¬

Esercizio 10: a) ⌐!¬ - b) ⌐!¬ - c) ⌐.¬ - d) ⌐!¬ - e) ⌐.¬

Esercizio 11: b), d), e), h)

Esercizio 12: c) di tutti, e) da tre ore, f) per niente, g) con il primo treno del pomeriggio

Esercizio 13: a risposta aperta.

Esercizio 14: a risposta aperta.

Esercizio 15: a risposta aperta.

Cap. 2 – I verbi: persone, tempi, modo, aspetto

Esercizio 1: a4; b:1; c:2; d:5; e:6; f:3; g:1; h:4; i:3; l:6; m:2.

Esercizio 2: a) voi; b) loro; c) lei; d) io; e) noi/tu; f) lui/egli; g) voi • Rifletti e rispondi: B)

Esercizio 3: a) festeggiano; b) vedo; c) parti; d) siamo; e) sbagliate.

Esercizio 4: a) hai parlato; b) hanno lavorato; c) avete comprato; d) ha risposto; e) abbiamo mangiato

Esercizio 5: a) verremo; b) lavorerò; c) accetterà; d) parteciperanno; e) farai. • Rifletti e rispondi: A) V; B) V; C) F

Esercizio 6: a) ha giocato; b) eleggono; c) sono; d) finirai; e) faccio; f) avete avuto; g) giocavamo; h) ascoltano.

Esercizio 7: a) abbia; b) sei rientrato; c) saremmo; d) ha vinto; e) faccia; f) piacerebbe; g) morì; h) diciate. • Rifletti e indica V/F: A) V; B) V; C) F; D) F.

Esercizio 8: Ieri era domenica, una bella domenica di fine maggio. Melina non lavorava, non aveva il turno in ospedale, e voleva andare a fare una passeggiata nel parco. Ha fatto una veloce colazione, si è messa un paio di scarpe comode ed è uscita. Al parco ha incontrato una ex collega di lavoro, Giorgia. Melina e Giorgia hanno camminato un po' insieme e poi si sono sedute al bar a prendere un caffè. Giorgia ha fatto vedere a Melina le foto del suo bambino, Melina ha raccontato a Giorgia del suo ultimo viaggio in Messico. Dopo il caffè e le chiacchiere, Melina è andata un po' a correre per mantenere la linea, Giorgia invece è tornata a casa.

Esercizio 9: Nel 1501, Michelangelo ricevette a Firenze l'incarico di realizzare una statua colossale di David, il pastore della Bibbia che sconfisse il gigante Golia. Michelangelo si impegnò a terminare la statua in due anni, ma non riuscì a rispettare i tempi, anche se lavorava giorno e notte. Quando il "David", alto oltre 4 metri, fu finito, diventò subito un mito. Si decise di mettere la statua in Piazza della Signoria, di fronte al Palazzo Vecchio, luogo principale della vita pubblica della Repubblica Fiorentina.

Esercizio 10: a) dia; b) sia venuto; c) fossero; d) arrivi; e) abbiate studiato; f) protegga; g) abbia fatto; h) fosse.

Esercizio 11: a risposta aperta.

Esercizio 12: a) fossi; b) fosse piovuto; c) vuole; d) avesso perso/perduto; e) trovi; f) potesse.

Esercizio 13: a) siano tornati; b) sono tornati; c) avessi visto; d) piova; e) aveva studiato; f) creda. • Rifletti e indica V/F: a) V; b) F; c) V; d) F

Esercizio 14: a risposta aperta.

Esercizio 15: a) ho avuto; b) stia; c) sia; d) sono stati; e) sono stata; f) avevo; g) dovevo; h) sia andato; i) devo; l) piacerebbe; m) farebbe; n) possa; o) Scrivi; p) mancano.

Esercizio 16: a) comincia; b) discutere; c) entri; d) siate; e) mangia; f) correre.

Esercizio 17: a) Prestami la penna. b) Dimmi dov'è l'università per stranieri. c) Ci porti due piatti di spaghetti al pomodoro. d) Ragazzi, fate silenzio, per favore! e) Ripetete ciò che avete detto. f) Ci faccia il conto, per piacere. • Rifletti e indica V/F: A) V; B) F; C) V; D) V.

Cap. 3 – I verbi: ausiliari, servili e fraseologici

Esercizio 1: a) ha preso; b) avete preparato; c) hanno fatto; d) ha risposto; e) abbiamo guardato.

Esercizio 2: a) sono andato/andata; b) è partita; c) è arrivata; d) sono tornati; e) è andato; f) sono partite • Rifletti e rispondi: B).

Esercizio 3: a) sei; b) sono; c) ho; d) è; e) abbiamo; f) siamo; g) siete; h) siamo; i) abbiamo.

Esercizio 4: a) si sono divertiti; b) ha accompagnato; c) si è pettinata; d) mi è sembrato; e) hai lasciato; f) sono andate. • Rifletti e indica V/F: A) V; B) V; C) F; D) V.

Esercizio 5: a) dobbiamo; b) dovete; c) voleva; d) siamo potuti; e) volete; f) posso; g) voglio; h) puoi/potresti.

Esercizio 6: a) dovrete; b) puoi; c) posso; d) devono; e) vuole; f) dovevamo; g) è voluto; h) potrebbe.

Esercizio 7: a) imminenza di un'azione; b) conclusione di un'azione; c) continuità di un'azione; d) svolgimento di un'azione; e) inizio di un'azione; f) inizio di un'azione; g) imminenza di un'azione; h) svolgimento di un'azione.

Esercizio 8: a risposta aperta.

Cap. 4 – La coniugazione dei verbi regolari e irregolari

Esercizio 1: a) finiamo; b) comincerò; c) negheresti; d) credeste; e) finisce; f) impazziscono.

Esercizio 2: a) studiava; b) cenavamo; c) piaceva; d) leggevamo; e) capivate; f) arrossiva.

Esercizio 3: a) mancherà; b) impedirà; c) litigheranno; d) mangeremo; e) comincerà; f) mi stupirò.

Esercizio 4: a) temetti/temei; b) amò; c) sentii; d) viaggiammo; e) credetti; f) cantarono.

Esercizio 5: a) abbiamo ballato; b) avete mangiato; c) è cominciata; d) ho sentito; e) ho creduto.

Esercizio 6: a) cominci; b) mangiasse; c) puliate; d) credano; e) capiscano • Rifletti e rispondi: A) F; B) F; C) F.

Esercizio 7: a) faccio; b) andremo; c) berrei; d) dite; e) dà; f) vogliono; g) è morta.

Esercizio 8: a) andavate; b) facevi; c) potevamo; d) dovevamo; e) faceva; f) beveva; g) sapevano; i) teneva.

Esercizio 9: a) potrai; b) verranno; c) andrà; d) dovrete; e) darà; f) farò; g) sapremo; h) tradurrà.

Esercizio 10: a) nacque; b) desti; c) disse; d) piacque; e) sapemmo; f) scelsi.

Esercizio 11: a) hanno fatto; b) sono morto/morta; c) abbiamo scelto; d) è uscita; e) hai visto.

Esercizio 12: a) traduciamo; b) scelga; c) possiate; d) stesse; e) dicessi • Rifletti e rispondi: C).

Cap. 5 – I verbi: forma attiva, riflessiva e passiva

Esercizio 1: a) ti; b) mi; c) si; d) vi; e) si; f) ti.

Esercizio 2: a) ti sei fermato; b) si sono lavati; c) si è vestita; d) vi siete nascosti; e) ci siamo pettinati.

Esercizio 3: a) vestiti; b) si rivesta; c) copritevi; d) pettinarti; e) si fermino.

Esercizio 4: b), c), f), g), i).

Esercizio 5: a) è stato dichiarato; b) sono stati capiti; c) è stato fatto; d) è stato ricoperto • Rifletti e rispondi: B).

Esercizio 6: a) Tutte le spese sono approvate dall'assemblea di condominio - Tutte le spese vengono approvate dall'assemblea di condominio. b) I compiti per i bambini sono scritti dall'insegnante alla lavagna - I compiti per i bambini vengono scritti dall'insegnante alla lavagna. c) Cesare fu ucciso da un gruppo di senatori nel 44 a.C. - Cesare venne ucciso da un gruppo di senatori nel 44 a.C. **d)** La mostra di palazzo Venezia è stata visitata da molte persone.

Esercizio 7: a risposta aperta.

Esercizio 8: a) Il direttore mi ha dato l'incarico di coordinare la riunione. **b)** La squadra della tua città ha battuto quella della mia. **c)** In Italia il popolo elegge il Parlamento. **d)** Suo fratello Khaled ha chiamato Alì in Italia. **e)** La polizia non potrà violare il diritto di sciopero. **f)** I lavoratori stranieri abitano tutto il palazzo. **g)** Ieri l'insegnante ha interrogato Lucia e Laura. **h)** Molti filosofi hanno fatto il tentativo di spiegare il senso dell'esistenza.

Cap. 6 – I verbi: pronominali e impersonali

Esercizio 1: a) si lamenta; **b)** si vergognava; **c)** ti approfitti; **d)** si arrampica; **e)** vi accorgete; **f)** mi rallegro; **g)** ci siamo preparati; **h)** si dimenticano; **i)** mi addormento.

Esercizio 2: a) si è pentito; **b)** ci siamo allontanati; **c)** vi siete arresi; **d)** si sono accaniti; **e)** ti sei ricordato; **f)** ci siamo seduti • **Rifletti e indica V/F: A)** V; **B)** F; **C)** F.

Esercizio 3: a risposta aperta.

Esercizio 4: a) si studia; **b)** ci si interessa; **c)** si dimentica; **d)** si parla, si fa • **Rifletti e indica V/F: A)** V; **B)** V; **C)** F.

Cap. 7 – Uso dei nomi

Esercizio 1: a) gatta; **b)** madre; **c)** avvocatessa; **d)** autrice; **e)** leonessa; **f)** moglie; **g)** cameriera; **h)** direttrice; **i)** infermiera; **l)** figlia; **m)** studentessa; **n)** dottoressa.

Esercizio 2: a) Il nipote di Andrea è andato negli Stati Uniti; **b)** L'insegnante di storia è molto bravo e simpatico; **c)** Mia zia è una violinista famosa; **d)** Durante il concerto la cantante è caduta e si è fatta male • **Rifletti e rispondi: C)**.

Esercizio 3: a) formaggi; **b)** uomini; **c)** mani; **d)** farmacie; **e)** auto; **f)** colleghe; **g)** atlete; **h)** amiche; **i)** cani; **l)** belgi; **m)** greche; **n)** valigie/valige; **o)** polizie; **p)** discoteche.

Esercizio 4: a) I problemi dell'esame erano molto difficili; **b)** Le direttrici ricevono solo il mercoledì e il

venerdì; **c)** A colazione mangio le uova strapazzate; **d)** Oggi le spiagge sono molto affollate; **e)** Carlo è caduto dalla bici e si è ferito le guance.

Esercizio 5: a) le ossa; **b)** bracci; **c)** i cigli; **d)** le ciglia; **e)** gli ossi.

Cap. 8 – Uso degli articoli

Esercizio 1: a) l', gli; **b)** l', le; **c)** il, i; **d)** lo, gli; **e)** il, i; **f)** la, le.

Esercizio 2: a) l', un; **b)** lo, uno; **c)** la, una; **d)** l', un'; **e)** il, un; **f)** l', un'.

Esercizio 3: a) un'; **b)** un; **c)** una; **d)** un; **e)** uno.

Esercizio 4: a) una; **b)** una; **c)** l', l', la, la, la; **d)** un; **e)** i, il; **f)** una; **g)** una, il; **h)** il, un'; **i)** il, un; **l)** il, la, gli.

Esercizio 5: a) il; **b)** l'; **c)** il; **d)** un; **e)** i; **f)** il; **g)** una; **h)** le; **i)** gli; **l)** un; **m)** il; **n)** gli.

Esercizio 6: a) Il, un, un; **b)** un, il; **c)** il, un, un; **d)** un, il.

Esercizio 7: a) la; **d)** la, l'; **e)** l; **f)** la; **g)** le; **h)** Le; **l)** il. • **Rifletti e rispondi: B)**.

Esercizio 8: a) del; **b)** delle, delle; **c)** della; **d)** dei; **e)** del; **f)** degli.

Esercizio 9: a) dei; **b)** dell', dei; **c)** dei.

Esercizio 10: a) La biblioteca ha acquistato alcuni libri nuovi; **b)** Ho messo anche un po' di burro nella torta; **c)** A Natale regalerò a mia madre qualche CD di musica classica.

Cap. 9 – Uso delle preposizioni

Esercizio 1: a) Per, di; **b)** con; **c)** in; **d)** A; **e)** fra; **f)** Da.

Esercizio 2: a) allo; **b)** Ai; **c)** delle; **d)** all'; **e)** degli; **f)** su.

Esercizio 3: a) dal; **b)** dai; **c)** dall'; **d)** dallo; **e)** dagli; **f)** dalle; **g)** nello; **h)** nella; **i)** nella; **l)** negli; **m)** nell'; **n)** nei; **o)** sul; **p)** sulla; **q)** sulle; **r)** sui; **s)** sull'; **t)** sugli.

Esercizio 4: a) per; **b)** in; **c)** dal; **d)** fra; **e)** alle; **f)** In.

Esercizio 5: a) per; **b)** da; **c)** per; **d)** a/in; **e)** in; **f)** Fra.

Esercizio 6: a) dal; **b)** nel; **c)** all'; **d)** per/da; **e)** da; **f)** dal; **g)** in; **h)** da.

Esercizio 7: a) a; **b)** con; **c)** a; **d)** con; **e)** per; **f)** con; **g)** al; **h)** in; **i)** a; **l)** di.

Esercizio 8: a) con; **b)** a; **c)** con; **d)** tra/con; **e)** di/con la.

Esercizio 9: a) all'/con l'; b) con; c) con; d) al/con il; e) con.

Esercizio 10: a) per; b) di; c) per; d) di; e) di; f) in; g) Per; h) da; i) del; l) per.

Esercizio 11: a) per; b) Con/Per; c) di; d) dai; e) di.

Esercizio 12: a) Da; b) di; c) da; d) del, della; e) Per.

Esercizio 13: a) di; b) da; c) di; d) del; e) dalla; f) di; g) su; h) dalle; i) della.

Esercizio 14: a risposta aperta.

Esercizio 15: a) accanto; b) insieme; c) davanti; d) dopo; e) lontano; f) senza; g) durante; h) prima di; i) entro; l) sotto; m) accanto.

Esercizio 16: a risposta aperta.

Cap. 10 – Uso degli aggettivi qualificativi

Esercizio 1: a) leoni feroci, leonessa feroce, leonesse feroci; b) signori gentili, signora gentile, signore gentili; c) professori studiosi, professoressa studiosa, professoresse studiose; d) studenti bugiardi, studentessa bugiarda, studentesse bugiarde; e) cavalli veloci, cavalla veloce, cavalle veloci.

Esercizio 2: a) buon; b) gran; c) bell'; d) buon; e) bei; f) grande; g) bello.

Esercizio 3: b), c), d), f).

Esercizio 4: a) meno, di; b) quanto/come; c) più, della; d) quanto/come; e) più, che.

Esercizio 5: a) ottimi/buonissimi; b) vecchissima; c) minimo/piccolissimo; d) difficilissimo; e) bruttissimo.

Esercizio 6: a risposta aperta • Rifletti e rispondi: A)

Cap. 11 – Uso degli avverbi

Esercizio 1: a) velocemente; b) allegramente; c) tristemente; d) gentilmente; e) generalmente; f) probabilmente; g) naturalmente; h) passabilmente; i) intelligentemente; l) scioccamente; m) duramente.

Esercizio 2: a) bene; b) peggio; c) volentieri; d) male; e) poco; f) meglio.

Esercizio 3: a risposta aperta.

Esercizio 4: a) ierlaltro notte, ieri notte, questa notte, domani notte; b) oggi, domani, dopodomani, fra tre giorni; c) due sere fa, ieri sera, stasera, domani sera; d) una settimana fa, oggi, domani, fra una settimana; e) due anni fa, un anno fa, quest'anno, fra un anno; f) domenica scorsa, questa domenica, domenica prossima, fra due domeniche.

Esercizio 5: a) ogni tanto; b) presto; c) allora; d) ancora; e) sempre; f) mai; g) subito; h) adesso.

Esercizio 6: a) qui; b) dappertutto; c) a destra; d) in alto; e) di qua; f) dappertutto.

Esercizio 7: a risposta aperta. • Rifletti e indica V/F: A) V; B) V; C) F; D) F; E) V.

Esercizio 8: a risposta aperta.

Esercizio 9: a risposta aperta. • Rifletti e rispondi: C)

Cap. 12 – Uso dei numerali

Esercizio 1: a) ventitré; b) trentuno; c) novantacinque; d) centotto; e) milleotto; f) duemilaquattordici; g) quarantamilauno; h) settecentottantunomilacinquecentocinquantatré; i) un milione duecentosessantatremilasettecentododici.

Esercizio 2: a) tre milioni di euro; b) 12:30; c) ventimila; d) un'; e) tutti e due; f) pagina 69; g) ventuno; h) otto e un quarto; i) 25 aprile 1945; l) ventitré.

Esercizio 3: a risposta aperta.

Esercizio 4: a) tre ottavi; b) quattro quinti; c) sette ottavi; d) nove decimi; e) quindici ventiduesimi; f) dodici sedicesimi; g) tredici sessantatreesimi; h) venti settantesimi; i) venticinque novantesimi.

Esercizio 5: a) secondi; b) XXI; c) 5ª; d) settimo; e) ventitreesimo; f) 9°.

Esercizio 6: a risposta aperta.

Cap. 13 – Uso dei pronomi personali

Esercizio 1: a) tu, io; b) tu, voi, io; c) lei; d) noi, voi; e) lui; f) noi.

Esercizio 2: a) tu; b) io; c) te; d) tu; e) lui; f) loro; g) me.

Esercizio 3: b) (Noi); e) (tu).

Esercizio 4: b); c); d); f).

Esercizio 5: a) a noi; b) noi; c) voi; d) a noi; e) noi.

Esercizio 6: a) Ho incontrato Luisa, ma non le ho detto nulla della festa; b) Mi dispiace molto per il cattivo esito del tuo esame; c) Tu lo hai incontrato lunedì o martedì della scorsa settimana?; d) Vi è sembrata noiosa la conferenza sulle politiche europee per l'ambiente?; e) Non sento Alessia da tanti giorni. Voi l'avete sentita?

Esercizio 7: a) le, l'; b) loro; c) Gli, lo; d) l'; e) le; f) te; g) noi; h) mi.

Esercizio 8: a) pasticcio; b) bambini; c) posta; d) scooter; e) gattino. • Rifletti e indica V/F: A) V; B) V; C) F; D) F.

Esercizio 9: a) farglieli; b) fargliele; c) parlargliene; d) gliel'hanno; e) gliene sono; f) glieli.

Esercizio 10: a) Ti andrebbe bene avere uno sconto del 10%?; b) Mi dica quando la posso trovare a casa: ho bisogno di parlarle; c) Non credo che le convenga lasciare adesso il suo posto di lavoro; d) Ti consiglio di scrivere una lettera precisando tutte le tue ragioni; e) Mi ha fatto piacere conoscerla. Spero di rivederla al più presto.

Cap. 14 – Uso dei possessivi

Esercizio 1: a) mio; b) nostro; c) tuo; d) loro; e) vostre; f) suo.

Esercizio 2: a) il vostro; b) le sue; c) dei miei; d) i nostri; e) i loro.

Esercizio 3: a risposta aperta.

Esercizio 4: b) ll; d) l; g) l; g) la.

Esercizio 5: a) casa mia; b) conto mio; c) affari vostri; d) i vostri affari; e) colpa sua; f) nostro giardino; g) cari miei; g) le sue arance.

Esercizio 6: b); e); g).

Cap. 15 – Uso dei dimostrativi

Esercizio 1: a) Quegli ombrelli marroni sono tutti rotti; b) Quelli sono scorpioni, ma non sono velenosi; c) Quelle ragazze sono molto preparate: sanno sempre tutto; d) Quei ragazzi mi piacciono: sono gentili ed educati; e) Questi orologi non sono precisi, vanno sempre avanti.

Esercizio 2: a) quello; b) questo; c) quel; d) quello; e) questa; f) questi • Rifletti e indica V/F: a) F; b) V; c) F.

Esercizio 3: a) sé stessa; b) le stesse cose; c) partirò lo stesso; d) loro stessi; e) lo stesso albergo.

Esercizio 4: a) ciò; b) questi; c) stesso; d) la stessa; e) ciò; f) quello.

Esercizio 5: a) queste; b) Quei; c) ciò/questo; d) Questi; e) ciò/questo.

Cap. 16 – Uso degli indefiniti

Esercizio 1: a) nessuna; b) niente; c) alcun; d) nulla; e) alcuna; f) nessuno; g) alcuna; h) Nessuno.

Esercizio 2: a risposta aperta.

Esercizio 3: a) certi; b) un tale; c) certi; d) altro; e) un altro; f) altro.

Esercizio 4: a) qualcuno; b) qualcuno; c) qualcosa; d) qualche; e) qualcosa; f) qualcuno.

Esercizio 5: a) Ho scritto a Giovanni per salutarlo e dirgli qualche parola di conforto; b) In campagna ci siamo riposati, abbiamo fatto solo qualche passeggiata; c) Qualche studente si è ritirato dal corso di linguistica; d) Qualche pianta del giardino è morta per il grande freddo di quest'anno.

Esercizio 6: a) ognuno; b) qualunque; c) ciascun; d) chiunque; e) ogni; f) qualsiasi; g) tutti; h) chiunque; i) tutto; l) ciascuno.

Esercizio 7: a) Qualche; b) ogni; c) qualche; d) Qualcuno • Rifletti e indica V/F: A) V; B) V; C) F; D) V.

Esercizio 8: a) po'; b) pochi/molti; c) pochi; d) parecchi; e) molti; f) tanti; g) poco.

Esercizio 9: a risposta aperta.

Cap. 17 – Uso degli interrogativi e degli esclamativi

Esercizio 1: a) cosa; b) cosa; c) che cosa; d) chi; e) Cosa; f) Chi.

Esercizio 2: a) Che; b) quanto; c) Che; d) Qual; e) quanti; f) quali.

Esercizio 3: a risposta aperta.

Esercizio 4: a) quale; b) quanti; c) quali; d) che; e) che; f) che; g) quale; h) quante.

Esercizio 5: c); d); e).

Esercizio 6: a risposta aperta.

Cap. 18 – Uso dei relativi

Esercizio 1: a) l'amico; b) la mostra; c) diritti; d) frutto.

Esercizio 2: b); c).

Esercizio 3: a) y; b) y.

Esercizio 4: a) dalla quale; b) con i quali; c) al quale; d) per il quale; e) sulle quali; f) delle quali.

Esercizio 5: a risposta aperta. • Rifletti e indica V/F: a) V; b) F; c) V; d) V.

Esercizio 6: a) in cui; b) che; c) con cui; d) che; e) i cui; f) alla quale; g) in cui; h) per cui.

Esercizio 7: a) delle quali; b) in cui; c) su cui; d) che; e) di cui; f) su cui; g) che; h) in cui; i) con cui; l) per cui.

Esercizio 8: a) Il primo numero della rivista sarà inviato a chi lo richiederà; b) Non devi credere a chi ti ha raccontato questa storia assurda; c) Chiunque si sia comportato così è certamente poco sensibile; d) Spesso chi ama molto gli animali è vegetariano.

Esercizio 9: a5; b1; c7; d8; e2; f3; g4.

Esercizio 10: a risposta aperta.

Cap. 19 – Uso delle congiunzioni coordinanti

Esercizio 1: a) inoltre; b) o; c) ma; d) e; e) e; f) nemmeno; g) eppure.

Esercizio 2: a) e; b) ma; c) e; d) ma; e) o; f) neppure; g) E • Rifletti e rispondi: A).

Esercizio 3: a) cioè; b) infatti; c) perciò; d) dunque; e) ossia.

Esercizio 4: a) né ... né; b) quindi/dunque/perciò; c) o ... o; d) quindi/dunque/perciò; e) infatti.

Esercizio 5: a risposta aperta.

Cap. 20 – Uso delle congiunzioni subordinanti

Esercizio 1: a) prima che; b) poiché; c) siccome; d) ogni volta che; e) per il fatto che.

Esercizio 2: a) perché; b) quando; c) siccome; d) perché; e) mentre.

Esercizio 3: a risposta aperta.

Esercizio 4: a) purché; b) Se; c) che; d) se; e) che.

Esercizio 5: a) a che; b) purché; c) Se; d) che; e) che.

Esercizio 6: a risposta aperta.

Esercizio 7: a) che; b) che; c) perché; d) affinché; e) che.

Esercizio 8: a) così ... che; b) perché / affinché; c) perché/ affinché; d) tanto ... che; e) perché / affinché.

Esercizio 9: a risposta aperta.

Esercizio 10: a) anche se; b) mentre; c) quando; d) Nonostante; e) sebbene.

Esercizio 11: a) Anche se; b) benché; c) quando; d) anche se; e) benché; f) anche se • Rifletti e indica V/F: A) V; B) V; C) F; D) V; E) V.

Esercizio 12: a) se non che; b) di come; c) di quanto; d) nel modo che.

Esercizio 13: a) come; b) perché; c) quanto; d) come; e) perché; f) tranne che; g) di quanto; h) come.

Esercizio 14: a risposta aperta.

Esercizio 15: a) affinché; b) perché; c) da quando; d) per quanto.

Esercizio 16: a) affinché; b) visto che; c) affinché.

Esercizio 17: a) che; b) quanto; c) quando.

Cap. 21 – Forma esplicita e implicita delle subordinate

Esercizio 1: a); d).

Esercizio 2: a) Betta deve capire di aver superato il limite con i suoi modi aggressivi; b) Devi renderti conto di aver studiato veramente poco e male; c) Non credevamo di essere stati poco accoglienti con i vostri amici.

Esercizio 3: a) Vogliamo incontrarvi per risolvere il problema amichevolmente; b) Marta ha sempre risparmiato per avere dei soldi per le emergenze.

Esercizio 4: a) Avendo da fare, questa sera non posso venire a cena da te; b) Stasera non vengo in piscina, avendo io un tremendo raffreddore; c) Essendo stati invitati a pranzo dalla signora Fini, dobbiamo mandarle dei fiori; d) Lorenzo vive con i genitori non avendo ancora un lavoro fisso.

Esercizio 5: a) Finito il compito, consegnate tutti i fogli; **b)** Diego ci scriverà una mail appena arrivato in America; **c)** Trovato un lavoro, mia sorella si sposerà.

Esercizio 6: a) Avendo più coraggio, Dora andrebbe a lavorare all'estero; **b)** Cesare guadagnerebbe di più accettando di fare i turni di notte.

Esercizio 7: a) Marco è talmente intelligente da trovare sempre soluzioni originali ai problemi; **b)** È stata tale la meraviglia per il paesaggio, da rimanere senza parole **c)** Mio nonno è ormai tanto vecchio da non poter più uscire di casa da solo; **d)** Flavio si era talmente annoiato alla festa da andare via prima di mezzanotte.

Esercizio 8: a) Pur correndo, ormai non riusciremo a prendere il treno; **b)** Donatella non è riuscita a vincere il concorso pur essendo preparata; **c)** Pur avendo delle buone intenzioni, Claudio ha dimostrato scarsa sensibilità.

Esercizio 9: a) È lui a dare sempre ragione a Tommaso, non io!; **b)** Ci sarà almeno qualcuno a dare una mano durante le feste?

Esercizio 10: a) Durante la premiazione, Adele era così commossa da piangere; **b)** Pur amandosi profondamente, Lapo e Greta litigano in continuazione; **c)** Devi essere forte per vincere la malattia; **d)** Accompagnando mio figlio in piscina, incontro sempre Antonio.

Esercizio 11: a) Poiché avevo perso le chiavi, stanotte non sono potuto rientrare in casa; **b)** Camilla sta zitta affinché non sia coivolta in una discussione spiacevole; **c)** Mi sono talmente divertita allo spettacolo che non sentivo più la stanchezza; **d)** Se avesse avuto più esperienza, Lia non avrebbe commesso un errore tanto banale. • **Rifletti e indica V/F: A)** V; **B)** V; **C)** F; **D)** F.

Cap. 22 – Uso dei tempi verbali nelle subordinate esplicite

Esercizio 1: a) ha studiato; **b)** era partito; **c)** si impegna; **d)** saprà; **e)** dimostrò.

Esercizio 2: a risposta aperta. • **Rifletti e completa:** uguale

Esercizio 3: a) sappia; **b)** siano; **c)** fosse; **d)** ci lasciassimo; **e)** avessimo.

Esercizio 4: a) possiate; **b)** avesse; **c)** si comportasse; **d)** ci sia; **e)** abbia detto.

Esercizio 5: a) va; **b)** dica; **c)** avrò finito; **d)** deve; **e)** avesse.

Esercizio 6: a) abbia avuto; **b)** fosse successa; **c)** vi foste divertiti; **d)** abbia avuto; **e)** avesse tradito.

Esercizio 7: a) fosse stato; **b)** abbia avuto; **c)** sia stata; **d)** abbia imparato; **e)** si fosse accorto.

Esercizio 8: a) sia andato; **b)** avevo rischiato; **c)** fosse diventato; **d)** abbiano vinto.

Esercizio 9: a) si sarebbero separati; **b)** sarà; **c)** sarebbe guarito; **d)** venga; **e)** si sarebbe risolta.

Esercizio 10: a) vogliate; **b)** smettesse; **c)** si stanchi; **d)** sarebbe stata; **e)** si sarebbero scusati.

Esercizio 11: a risposta aperta.

Cap. 23 – Il discorso diretto e indiretto

Esercizio 1: a) Mio padre mi disse: "Hai pensato a tutte le conseguenze del tuo gesto?"; **b)** Il controllore ha chiesto:"Posso vedere il biglietto signori?"; **c)** "Ha mai guidato una squadra così importante?" hanno chiesto all'allenatore; **d)** Il professore ha precisato: "Lo studio non è un gioco e richiede impegno e fatica"; **e)** Ti chiedo questo favore: "Mi accompagni in macchina alla stazione?".

Esercizio 2: a) Ogni mattina la mamma ripete a Giuseppe: "Ti svegli troppo tardi!"; **b)** Paolo e Pietro mi avevano detto: "Ci vediamo in piscina"; **c)** Marta ha chiesto: "Chi viene con me alla festa di Massimo?"; **d)** Abbiamo chiesto al custode: "Domenica il museo è aperto?"; **e)** Ho detto a Marco: "Devi pensare ai fatti tuoi!".

Esercizio 3: a) miei, sono, suoi; **b)** nostro, abbia; **c)** potevano, nostro; **d)** avevo visto, sua; **e)** era, loro, c'entravano.

Esercizio 4: a) Il giornalista nel suo articolo si chiede se il Parlamento accetterà o non accetterà la proposta del governo sulla legge elettorale; **b)** Luisa mi disse che era veramente stanca delle mie aggressioni e che se ne andava; **c)** Mia nonna mi ripeteva sempre di studiare, comportarmi bene e rispettare le persone; **d)** Il professore ci ha chiesto quali erano i nostri progetti per il futuro.

Cap. 24– I legami del testo

Esercizio 1: brucava; delizioso; mangiate; mi; grande; suoi; coperto; gli; straordinario.

Esercizio 2: a) della; b) alla; c) delle; d) di; e) da; f) della; g) di; h) delle; i) di; l) da; m) di; n) di; o) ai; p) sul; q) dalle; r) di; s) dalla; t) alla; u) della.

Esercizio 3: a) libro; b) pezzo di pesce spada; c) pane; d) rose; e) Siena; f) torta.

Esercizio 4: a) lo; b) ci; c) lo; d) ne; e) lo.

Esercizio 5: a risposta aperta.

Esercizio 6: a) successivamente; b) a quel punto; c) dopo un po'; d) prima di tutto; e) alla fine; f) intanto che; g) alla fine.

Esercizio 7: a) Prima di tutto; b) il giorno prima; c) Poi; d) mentre; e) Alla fine; f) Quando.

Esercizio 8: a) in secondo luogo; b) per fortuna; c) comunque; d) successivamente; e) in effetti.

Esercizio 9: a) cioè; b) perché; c) Dopo che; d) Invece; e) Successivamente; f) Per queste ragioni.

Cap. 25 – La formazione delle parole

Esercizio 1: a1); b2); c2); d1).

Esercizio 2: a risposta aperta.

Esercizio 3: a) chiarezza, chiarire; b) ampiezza, ampliare; c) fissità, fissare.

Esercizio 4: a risposta aperta.

Esercizio 5: a risposta aperta.

Esercizio 6: a1); b2); c2); d1).

Esercizio 7: a) infelice; b) scorretto; c) disaccordo; d) dissimile; e) slegare.

Esercizio 8: a) conta + chilometri, verbo + sostantivo; b) lava + stoviglie, verbo + sostantivo; c) asciuga + mano, verbo + sostantivo; d) cassa + forte, sostantivo + aggettivo; e) gira + sole, verbo + sostantivo; f) capo + stazione, sostantivo + sostantivo; g) trita + carne, verbo + sostantivo; h) attacca + panni, verbo + sostantivo.

Esercizio 9: a4; b7; c2; d3; e1; f5.

Esercizio 10: a) spazzacamino; b) stendi/attacca-panni; c) tagliaerba; d) batti/arcobaleno; e) parafango; f) pescecane / pescespada; g) tostapane; h) passaverdura; i) capofamiglia; l) portaombrelli; m) mezzanotte; n) battitappeto / battiscopa; o) sottosopra.

Cap. 26 – Il lessico

Esercizio 1: a) cane, mordere, cuccia, abbaiare; b) vento, nebbia, pioggia, neve; c) scuola, studiare, voto, quaderno; d) spiaggia, nuotare, estate, mare; e) foglia, potare, ramo, tronco; f) annaffiare, erba, prato, tagliare.

Esercizio 2: a risposta aperta.

Esercizio 3: a3); b3); c3); d2); e1); f3); g2); h1).

Esercizio 4: a) albero; b) posata; c) frutto; d) mezzo di trasporto / autoveicolo; e) verdura; f) mestiere; g) stagione; h) minerale; i) pianeta.

Esercizio 5: Iperonimi: a) strumenti; b) professione; c) fiori; d) mese; e) indumenti. Iponimi: a) pianoforte; b) giornalista; c) violette; d) Maggio; e) guanti.

Esercizio 6: a2); b1); c3); d2); e2); f3); g1); h3); i1).

Esercizio 7: a) dividere; b) felicità; c) abito; d) regalo; e) lasciare; f) triste; g) guardare; h) gentile.

Esercizio 8: a3); b1); c1); d3); e2); f2); g3); h2).

Esercizio 9: a) grassa; b) tanto/molto; c) poco; d) chiari; e) scuri; f) vecchio; g) brutto; h) simpatico; i) grande / grossa; l) piccolo; m) periferia; n) modesti / semplici; o) economici; p) scortese; q) avara; r) non... mai.

Esercizio 10: a) a colpo d'occhio / a occhio; b) le nozze d'argento; c) un colpo di telefono; d) a tempo pieno; e) un ferro da stiro; f) nella sala d'aspetto; g) in luna di miele; h) pronto intervento.

Esercizio 11: a) in quattro e quattr'otto; b) metterti nei suoi panni; c) andare con i piedi di piombo.

Esercizio 12: a) senso proprio; b) senso figurato; c) senso figurato; d) senso proprio; e) senso proprio; f) senso figurato; g) senso figurato; h) senso figurato.

Esercizio 13: a risposta aperta.

Cap. 27 – L'ortografia

Esercizio 1: a) là / lì; b) la; c) li; d) là / lì; e) lì / là; f) li.

Esercizio 2: a) Da; b) dà; c) né; d) ne; e) da.

Esercizio 3: a) Domani è festa perché è il primo maggio. È anche il mio compleanno e quello di Zoe, la mia sorella gemella. Così, a casa mia, il primo maggio è festa tre volte; b) All'origine la Terra era solo una sfera enorme di gas e polvere incandescente. Poi la superficie si raffreddò e diventò solida. Si formò così la crosta terrestre.

Esercizio 4: a) l'amica, un'amica, quest'amica; b) l'ape, un'ape, quest'ape; c) l'elefante, un elefante, quest'elefante; d) l'uomo, un uomo, quest'uomo; e) l'aquila, un'aquila, quest'aquila; f) l'inizio, un inizio, quest'inizio.

Esercizio 5: a) Se, sé; b) sé; c) s'è; d) se; e) s'è; f) t'è; g) Se, se/sé; h) te, tè.

Esercizio 6: a) te la / gliela; b) te l'ho; c) te l'ha / gliel'ha; d) glielo; e) glielo; f) gliel'ha.

Esercizio 7: a) a, o; b) ho, a; c) hai, a; d) anno, hanno; e) ha, ai; f) ha.

Esercizio 8: a) scie; b) schia; c) scio; d) sciu; e) scio; f) schia.

Esercizio 9: a) cie; b) cie; c) gie; d) ce; e) cie; f) gie.

Esercizio 10: a) qu; b) cqu; c) cu; d) cu, cqu; e) cu; f) ccu.

Esercizio 11: a) coppia; b) cammino; c) capelli; d) camino; e) cappelli.

Esercizio 12: a) sufficiente; b) ingegnere; c) disegnare; d) unione; e) azione.

Test di verifica finale

Competenze linguistiche di livello B1

Prova di lettura: 1) D; 2) B; 3) D; 4) C; 5) C; 6) A; 7) C.

Prova di competenza linguistica

Esercizio 1: a) ti ho scritto; b) sono tornata; c) ho avuto; d) sai; e) sono cominciati; f) ho dovuto; g) sono; h) ho conosciuto; i) credevo; l) fosse; m) ricordi; n) ridevamo; o) Era; p) ridevamo; q) va; r) Fai; s) dispiacerebbe; t) leggo; u) Scrivi!

Esercizio 2: a) di; b) da; c) a; d) di; e) in; f) alla; g) di; h) negli; i) di; l) Per; m) di.

Esercizio 3: a) ampia, spaziosa; b) avvincente, emozionante; c) rumorosa, chiassosa; d) faticoso, pesante; e) stupenda, bellissima.

Prove di produzione scritta: a svolgimento aperto.

Competenze linguistiche di livello B2

Prova di lettura 1: 1) D; 2) C; 3) B; 4) D; 5) B; 6) C; 7) C.

Prova di lettura 2: A); B); D); G); I); L); M).

Prova di competenza linguistica

Esercizio 1: a) lo; b) lo; c) che; d) ne; e) gli; f) me; g) te; h) ne; i) lo; l) che; m) le; n) ne; o) ti; p) lo; q) ne.

Esercizio 2: a) sgraziato; b) cugina; c) aumenta; d) appropriata; e) una scoperta; f) Un piccolo recipiente per bere; g) un compromesso.

Prove di produzione scritta: a svolgimento aperto.

Prove di produzione orale: a svolgimento aperto.